Elena MacKenzie - Buchverliebt

Die Autorin Jenna Summers zieht für die Recherche ihres neuen Romans auf die kleine Insel Fair. Eigentlich sollte sie dort in aller Ruhe an ihrem neuen Liebesroman arbeiten. Doch nachdem ihr Verlobter sie kurz vor der Hochzeit mit ihrer Freundin betrogen hat, ist ihr die Lust auf Liebesromane vergangen. Sie beschließt, ihr nächstes Projekt dem Beweis zu widmen, dass alle Männer gleich sind. Egal, ob sie nun in der Großstadt oder auf einer winzigen Insel weit ab der Zivilisation leben. Dieser Entschluss festigt sich noch, als sie auf ihren Gastgeber Kieran McDougal trifft und dieser sich schon an ihrem ersten Abend auf Sumburgh Castle von seiner schlechtesten Seite zeigt. Doch da hat sie nicht mit dem Schotten und Schlossherren gerechnet, der ihr für die Zeit ihrer Recherche Unterkunft bietet. Kieran McDougal ist eben doch ganz anders als andere Männer. Während ihrer Recherche trifft sie auf eine unglückliche Liebe und eine Tradition, der nicht nur sie selbst zum Opfer fällt, sondern auch ein Paar aus einer längst vergangenen Zeit. Und Kieran McDougal ist es, der sie wissentlich zum Opfer dieser Tradition macht.

Elena MacKenzie

Buchverliebt

Roman

Latos-Verlag
Calbe/Saale

Korrektorat: Sandra Latoscynski, Calbe/Saale
Umschlaggestaltung: Elena MacKenzie
Bildmaterial: © Rico Koedder, Andrey Kiselev 123rf.com
Satz: Latos-Verlag, Calbe/Saale
Druck und Bindung: PRESSEL Digitaldruck, Remshalden

1. Auflage 01/2015

ISBN: 978-3-943308-84-6

www.latos-verlag.de

Liebe LeserInnen,

dieses Buch spielt auf der kleinen Insel Fair. Diese Insel gibt es wirklich. Sie fasst nur etwa 70 Einwohner und liegt zwischen den Orkney und Shetland Inseln. Vieles, das Sie in diesem Buch über Fair lesen werden, entspricht der Wahrheit. Einiges habe ich selbst erfunden, denn dieses Buch ist eine fiktive Geschichte und dafür habe ich mir einige Freiheiten herausgenommen. Ihr werdet auf Fair also kein Sumburgh Castle finden, kein Skroo Lighthouse und schon gar keinen Kieran McDougal. Aber wenn Ihr genauer schaut, findet ihr vielleicht einen anderen attraktiven Highlander im Kilt. Auch die tragische Geschichte um Isobel ist reine Erfindung, genau wie die Heiratstradition. Aber wenn ihr Fair und Mull Heat mal besucht, könnt ihr den Inselbewohnern diese Tradition ja vielleicht schmackhaft machen. Trotz meiner kleinen Flunkereien wünsche ich Euch viel Spaß mit *Buchverliebt* und einem ganz besonderen Highlander.

Liebe Grüße Elena MacKenzie

1. Kapitel

Fassungslos starre ich auf das Display meines Handys. Aber auch nach endlosen Minuten ändert sich nichts an dem, was das Foto zeigt. Es ist ein Selfie. Man sollte meinen, so ein Selfie hat keine Bedeutung. Aber das gilt nicht für dieses. Dieses hat mein Leben in der Sekunde verändert, in der ich die Nachricht von meinem Verlobten aufgerufen habe. Selfies sollten keine Leben verändern, sie sollten etwas Spaßiges sein.

Meine Lektorin sagt etwas zu mir, aber ich höre ihre Worte nur wie durch eine dicke Wand. Weil meine Gedanken noch immer damit beschäftigt sind, das Unfassbare dieses Fotos zu verarbeiten. Ich runzle die Stirn und betrachte das Gesicht meines Verlobten. Seine Augen strahlen in die Kamera, seine Mundwinkel umspielt ein spöttisches Lächeln. Sein hellbraunes Haar ist verwuschelt. Ich mag es, wenn sein Haar so aussieht, weil es bedeutet, dass wir eben Sex hatten und ich meine Hände hineingeschoben und darin gewühlt habe. Nur hatten wir gerade keinen Sex, denn ich sitze hier in London vor dem Schreibtisch meiner Lektorin und er ist in Dover auf einer Tagung für Orthopäden. Ich lege den Kopf schief, runzle die Stirn noch stärker und betrachte das andere Gesicht auf dem Bild. Es gehört seiner Kollegin Bianca. Sie teilen sich eine Praxis schon seit mehr als drei Jahren. Seit der Zeit sind wir auch Freundinnen. Wir teilen all unsere Geheimnisse. Nein, nicht alle. Von diesem hatte ich keine Ahnung.

»Hörst du mir überhaupt zu?« Cassandra tritt um ihren Schreibtisch herum und bleibt verärgert neben mir stehen. Sie schielt auf mein Handy und keucht laut auf, dann reißt sie es mir aus der Hand. »Ich fasse es nicht! So ein verficktes Arschloch!«

Langsam sehe ich zu ihr auf, was mich einiges an Anstrengung kostet, denn Cassy ist die größte Frau, die ich jemals gesehen habe. Sie misst satte 1,98 Meter und ist dabei schlank wie ein Supermodel. Die Natur kann schon ungerecht sein. Sie hat endlos lange Beine, einen Körper, der eigentlich auf das Cover des Playboy gehört und dazu auch noch eine kupferrote Lockenmähne, die bis weit über ihre Schultern reicht. Und ich wandel mit knappen 1,65 Metern, Minititten und einem Arsch wie Kim Kardashian herum. Ihr glaubt jetzt wahrscheinlich, dass so ein Arsch doch voll im Trend liegt. Das tut er auch, aber nicht, wenn er an so einen Winzkörper wie meinem hängt. (Winz von Winzling, nicht Winzer.) Okay, mit meinen Haaren bin ich dann doch ganz zufrieden: glänzend schwarz, wellig und voll reichen sie mir bis über die Schulterblätter. Aber so wie es auf dem Foto auf meinem Handy aussieht, steht mein Verlobter seit Neuestem auf Blondinen ohne Kardashian-Arsch. Dafür mit Dolly Buster-Vorbau.

Cassy wedelt wütend mit den Armen, dann lässt sie das Handy angewidert zurück in meinen Schoß fallen. Ich nehme es und betrachte von neuem das Foto, das meinen Verlobten - vielleicht sollte ich ihn lieber Exverlobten nennen - mit meiner Freundin im Bett zeigt. Er hält sie im Arm, und ich bin mir sicher, sie hat keine Ahnung von diesem Foto, denn sie schläft auf seiner nackten Brust.

»Das ist wohl seine Art, mir zu sagen, dass wir nicht heiraten werden«, sage ich monoton. Ich sehe zu Cassy auf, die wütend neben mir auf- und abgeht und Bill nach allen Regeln der Kunst mit Beleidigungen bedenkt. In meiner Brust zieht sich etwas schmerzhaft zusammen. Ich bin nicht traurig, was mich wundert, denn ich habe angenommen, dass ich Bill liebe. Ich bin wütend und enttäuscht. Aber ich trauere ihm nicht nach. Wahrscheinlich muss ich den Schock erst verarbeiten, denn noch vergangene Woche haben wir beide in unserem Wohnzimmer gesessen und Reisekataloge für unsere Flitterwochen gewälzt. Flitterwochen, die jetzt auch nicht mehr stattfinden werden. Aber das macht mich auch nicht traurig. Ich versuche den Gründen dafür nachzuspüren, aber ich finde sie nicht. Ich kann nur gelähmt dabei zusehen, wie Cassy die Wut auslebt, die eigentlich ich empfinden sollte.

»Zumindest musst du ihn jetzt nicht mehr um Erlaubnis fragen.«

»Weswegen?«, hake ich abwesend nach.

»Fair Isle! Wir haben doch darüber gesprochen!«

»Oh, ja. Haben wir. Aber ich habe noch nicht ja gesagt.«

Cassy setzt sich wieder in den schmalen weißen Bürostuhl hinter ihrem gläsernen Schreibtisch. »Uns gefallen deine Pläne, eine Liebesgeschichte in einem malerischen Hinterlanddorf weit ab von menschlicher Zivilisation spielen zu lassen. Und es wäre doch gut, wenn du als Stadtbewohnerin erst einmal einen Blick auf das Landleben wirfst.«

»Ich weiß nicht«, winde ich mich. »Ich muss die Hochzeit absagen, die Blumen abbestellen ...«, sage ich und habe plötzlich doch einen Kloß im Hals. Es laut auszusprechen, macht es wohl real. Und wenn es real wird, tut es auch weh. Ich schlucke heftig.

»Vergiss es. Du wirst keinen Finger krümmen! Du verschwindest von hier und lässt das diesen Idioten machen. Ich habe dir doch schon gesagt, dass ich ihn noch nie leiden konnte?«

»Ja, hast du«, gebe ich widerwillig zu. »So ungefähr jedes Mal, wenn er mich mit allem allein gelassen hat, um auf irgendwelche Tagungen zu fahren.« Ich stocke und sehe Cassy mit weit aufgerissenen Augen an. »Glaubst du, das waren gar keine Tagungen?«

Cassy blinzelt verwirrt. Sie ist wohl genauso erschrocken wie ich. Als sie bemerkt, dass mir Tränen in den Augen schwimmen, winkt sie kopfschüttelnd ab. »So ein Arschloch ist er nun auch wieder nicht.« Aber die Unsicherheit in ihrem Gesicht kann der lässige Plaudertonfall nicht überspielen.

»Okay, du hast recht«, sage ich umso entschlossener. Denn plötzlich ist es mir ein Bedürfnis, Bill mit allem allein zu lassen. Soll er doch unsere Gäste ausladen, das Brautkleid zurückgeben und ...

»Die Wohnung gehört ihm! Was mach ich nur mit meinen Sachen?«

Cassy winkt schon wieder ab und wirft grinsend einen Blick auf ihre weinrot lackierten Fingernägel. »Die meisten Möbel hat er ausgesucht. Und seien wir doch mal kurz ehrlich zueinander: sein Geschmack diesbezüglich ist genau wie sein Frauengeschmack.« Cassy zeigt auf mein Handy. »Anwesende ausgeschlossen.« Ich erinnere sie nicht daran, dass die Dame auf dem Foto meine Freundin ist, denn im Moment bin ich mir deswegen selbst nicht mehr sicher.

»Du fährst jetzt ein paar Wochen weg und danach suchst du dir was Neues und dann gehen wir groß Shoppen. Und in der Zwischenzeit, werfen wir deine Klamotten und was du sonst noch so besitzt und ihm wegnehmen möchtest einfach auf meinen Dachboden. Und ich werde bei meinem Cousin Kieran anrufen und einen kleinen Gefallen einfordern. Der Kerl schuldet mir noch was.«

Warum eigentlich nicht, denke ich mir und nicke zufrieden. Wann habe ich mir das letzte Mal eine Auszeit gegönnt? Und eigentlich wollte ich schon immer Mal irgendwo in die Einöde und vollkommen zurückgezogen in der Arbeit an einem Buch versinken. Warum nicht jetzt sofort? »Also gut. Ich hoffe nur, dass dein Cousin nicht auch so ein Arschloch ist.«

»Ist er nicht. Er ist ganz harmlos und schon viel zu alt, um noch ein Arschloch zu sein. Du wirst ihn kaum zu Gesicht bekommen. Sumburgh Castle ist groß genug, um euch für Wochen aus dem Weg zu gehen.«

* * *

Fair Isle ist genau 4,8 Kilometer lang und 2,4 Kilometer breit. Es gehört zu den Shetland Inseln und liegt einsam auf halbem Weg zu den Orkney Inseln. Derzeit wird es von nur 69 Menschen bewohnt. Erreichen kann man die Insel drei Mal in der Woche mit einer Fähre und vier Mal mit einem kleinen Charterflugzeug. Natürlich immer wetterabhängig. Ich befinde mich gerade auf der Fähre und wäre dankbar gewesen, wenn man heute beschlossen hätte, die Fähre nicht fahren zu lassen. Denn der starke Wind und heftige Wellen rütteln an dem Gefährt und treiben mir die Übelkeit in sämtliche Regionen meines Körpers. Krampfhaft kämpfe ich darum, mein Mittagessen im Magen zu behalten und bete das Ende dieser Folter herbei. Und jede Minute, die diese Folter andauert, verfluche ich Cassy, die mich hierauf nicht vorbereitet hat. Sie hat nur von der wundervollen Landschaft, den Vögeln und den steilen Klippen gesprochen. Dass man seetauglich sein muss, war ihr wohl entfallen.

Meine Sachen haben wir innerhalb eines Tages aus Bills Wohnung geholt. Wir hatten sogar die tatkräftige Unterstützung meines Stiefvaters, der für seine siebenundfünfzig Jahre noch immer sehr gut anpacken kann. Im Übrigen hat meine Mutter mir bei jeder Kiste, die wir gemeinsam eingepackt haben, gesagt, dass sie es ja schon immer gesagt hatte. Und das hatte sie tatsächlich. Die Idee, das, was Bill am allermeisten liebt, auch noch mitzunehmen, hatte auch Cassy. Jetzt steht der 55 Zoll-Fernseher erstmal bei ihr im Wohnzimmer. Eigentlich komme ich ja nie zum Fernsehen, aber als Cassy mir sagte, dass ich ihn unbedingt bräuchte, da konnte ich nicht nein sagen.

Ich stehe hinter der Glasscheibe und starre auf das dunkelgraue Meer. Die Trennung von Bill ist jetzt fast drei Wochen her und Trauer hat sich noch immer nicht eingestellt. Die Wellen schaukeln die Fähre kräftig umher. In Gedanken sage ich mir immer und immer wieder: langsam einatmen, langsam ausatmen. Gleich ist es vorbei. Direkt voraus erhebt sich doch schon eine steile Felswand. Dort willst du hin. Nur noch wenige Minuten. Langsam einatmen ...

»Sie sehen recht blass aus«, spricht mich eine ältere Dame an. Sie trägt ein rot-grünes Plaid um ihre Schultern. In ihr Gesicht haben sich schon tiefe Falten gegraben und ihr lockig graues Haar steckt unter einer Plastiktüte. Sie bemerkt meinen Blick und lächelt. »Es regnet heute.«

»Ich habe einen Schirm mit«, erwähne ich pflichtbewusst. Sie schüttelt lächelnd den Kopf.

»Bei dem Wind wird der Ihnen nichts bringen. Was wollen Sie sich denn ansehen bei uns?«

Sie ist einen Kopf kleiner als ich. Ich muss nicht oft nach unten schauen, um jemanden ins Gesicht zu sehen. »Das weiß ich noch nicht. Ich habe mich noch gar nicht informiert, was es auf der Insel alles gibt. Ich bin hier mehr oder weniger reingestolpert. Meine Freundin hat einen Cousin hier.« Ich vermeide mit Absicht das Wort Lektorin. Es führt fast immer zu der erstaunten Frage, was ich denn beruflich mache. Damit habe ich auch meist kein Problem. Es ist ja auch nicht allzu schlimm zu sagen: *Ich bin Autorin.* Doch darauf folgt immer die nächste Frage: Was schreiben Sie denn? Und einer Dame in den

Siebzigern zu sagen: Ich schreibe erotische Literatur, kommt nicht immer gut an.

»Wer ist denn dieser Cousin?«

Natürlich wird sie ihn kennen. Bei weniger als siebzig Einwohnern kennt jeder jeden. Und da Cassy meinen Aufenthalt für ganze sechs Monate eingeplant hat, damit ich mich auch richtig in das Leben hier einfühlen kann, wird sie es wohl bald allein herausfinden. »Kieran McDougal.«

»Kieran!«, sagt sie gedehnt. »Er lebt völlig zurückgezogen. Dass er sich überhaupt Gäste in sein Haus holt. Aber vielleicht quartiert er sie ja auch im Leuchtturm ein.«

»Leuchtturm?«

»Skroo Lighthouse. Gehört auch ihm. Gar nicht so hässlich, wie sich das vielleicht anhört«, sagt sie bestimmt.

Die alte Dame hat mich gut abgelenkt, denn als ich jetzt wieder nach draußen sehe, laufen wir schon in den kleinen Hafen ein, der in einer Bucht liegt. Ich folge ihr von der Fähre. Mit uns verlassen nur etwa sieben weitere Personen die Fähre. Ich bleibe am Anleger stehen und sehe mich um. Alle verlassen geschäftig den kleinen Hafen und wenige Minuten später bin ich die einzige, die im Regen steht und nicht weiß, was sie tun soll. Ich laufe los und sehe mich nach einem Taxistand, einer Bushaltestelle oder Ähnlichem um. Aber da ist nichts. Ein Mann steht an ein kleines Boot gelehnt und mustert mich neugierig. Ich winke ihm und trete langsam näher. Er muss um die Fünfzig sein, trägt einen Hut, der tief in die Stirn gerückt ist, und einen langen schwarzen

Gummimantel. Ich muss zugeben, er wirkt wie der Mörder aus dem Slasher Movie *Ich weiß, was du letzten Sommer getan hast,* aber im Moment bin ich dazu bereit, das Risiko einzugehen.

»Entschuldigen Sie, ich möchte zum Sumburgh Castle. Gibt es hier ein Taxi, das ich rufen könnte?«

Der Mann lacht. Seine Schultern zucken unter dem Gummimantel. Der Wind trägt den Geruch von fauligen Algen zu uns. »Ein Taxi? Hier? Hier kann man alles zu Fuß erreichen. Hin und wieder fährt der alte McLean mit seinem Transporter Touristen. Aber bei dem Wetter kriegen Sie den nicht vor die Tür.«

Ich seufze. Meine Kleidung ist durchnässt und mir ist kalt. Meine Zähne schlagen aufeinander. Ich muss mir in Erinnerung rufen, dass das hier Cassys Idee gewesen ist. Sie war der Meinung, Fair im Herbst zu bereisen wäre das Richtige für mich. Okay, die Alternative hätte geheißen, mich mit Bill herumzuschlagen. Dann ist eine Lungenentzündung doch kein so schlechter Plan. »Wie lange läuft man denn bis zum Castle?«

»Etwa 30 Minuten die Straße runter, dann kommen Sie direkt darauf zu.«

Ich bedanke mich, schnappe mir meine zwei Rollkoffer und laufe los. Die Straße ist nicht lange eine Straße und verändert sich bald in festgefahrenen Schotter, der sich bei diesem Regen mit Matsch vermischt hat. Meine Koffer rattern und hüpfen hinter mir her und ich verfluche diesen Kieran, weil er mich nicht vom Hafen abgeholt hat. Aber, entschuldige ich ihn auch gleich wieder bei mir, vielleicht hat er ja wirklich wichtige Dinge zu tun. Was eben auf einer

Burg so anfällt: Moos von den Steinen kratzen, Löcher zwischen Steinen stopfen, Rüstungen abstauben ... Ich zähle die Arbeiten auf, die mir einfallen und bin mir sicher, dass er dafür Angestellte hat. Und weil ich mir da so sicher bin, frage ich mich jetzt, warum nicht einer von ihnen mich abgeholt hat? Und mit jedem vor Kälte bibbernden Schritt, den ich hinter mich gebracht habe, werde ich noch zorniger und wünsche diesem Kieran McDougal, dass er einen guten Grund hat, mich nicht abgeholt zu haben.

Es wird dunkel und als ich nach zwanzig Minuten noch immer kein Castle in der Ferne sehen kann, wird mir mulmig zumute. Es gibt hier nämlich weit und breit auch keine Straßenbeleuchtung. Und irgendwie habe ich das Gefühl, dass die Nacht hier deutlich schneller hereinbricht. Ich laufe weiter und sehe mich nach irgendeinem Licht um. Egal welches ich jetzt entdecke, ich werde darauf zuhalten. Vor zehn Schritten kam mir das Rattern der Koffer noch nicht so beängstigend vor. Doch jetzt hallt es bedrohlich in der hereinbrechenden Dunkelheit. Ich bleibe stehen, sehe mich um und es gibt noch immer kein Licht. Nur die Sterne direkt über mir, die hin und wieder ein Loch in der Wolkendecke finden. Ich krame mein Handy heraus. Ich muss Cassy anrufen, denn in mir macht sich langsam der Verdacht breit, dass ich mich verlaufen habe. Aber wie hätte ich mich verlaufen können? Ich bin der Straße gefolgt. Ich wähle mit klammen Fingern Cassys Nummer und warte auf das Klingeln. Es kommt nicht. Weil ich mich auf einer winzigen Insel im Nordatlantik befinde, auf der es noch nicht einmal Busse und Taxis gibt. Wie hätte es dann hier ein Handynetz geben sollen?

Den Tränen nahe stecke ich das Handy weg und laufe weiter. Die Straße nimmt eine Biegung um einen Hügel herum. Ich überlege, ob ich nicht umkehren soll, wer weiß, ob hier draußen überhaupt noch was kommt. Aber dann fällt mir ein, dass die Insel ja nicht groß ist und eigentlich müsste ich sie fast einmal durchlaufen haben. Wenn ich ein Haus finde, dann bestimmt in Küstennähe. Also laufe ich um den Hügel herum und stehe vor dem, was ich auf den ersten Blick für ein Castle halten würde. Meine Schultern sacken erleichtert nach unten. Selbst wenn das hier nicht Sumburgh Castle ist, hier scheint jemand zu wohnen, denn es brennt Licht in einem der unteren Fenster. Groß wirkt die Silhouette nicht, die sich vor dem Nachthimmel abhebt. Aber ich habe auch kein großes Castle auf einer so kleinen Insel erwartet. Ich gehe auf das Licht zu. Ein paar niedrige Bäume kann ich wahrnehmen und das Meer höre ich in der Nähe rauschen.

An der Tür suche ich nach einer Klingel, kann aber keine finden. Da ist nur ein eiserner Ring. Ich nehme ihn und hämmere damit gegen das schwere Holz. Eine Windböe erwischt mich und lässt mich erzittern. Ich reibe meine Hände gegeneinander. Die Tür wird aufgerissen und ich blinzele gegen das Licht an, das mich plötzlich trifft. Ein groß gewachsener Mann mit breiten Schultern und unzufriedenem Gesichtsausdruck starrt mich an.

»Sind Sie Kieran McDougal?«, möchte ich ungeduldig wissen.

»Und Sie sind?«

»Jenna Summers, Cassandra hat mich angemeldet«, sage ich und spüre, wie sich langsam Zorn in mir breit macht, weil ich noch immer in der Kälte stehe.

»Ach die Autorin auf dem Selbstfindungstrip.«

»Dem was?« Mein Mund klappt auf.

»Cassandra meinte, Sie bräuchten etwas Zeit für sich, um nachzudenken.«

»Das hat sie gesagt?«

»Nicht genau das, aber es kommt in etwa hin.«

Ich ignoriere, was er gesagt hat. Jede weitere Diskussion würde nur dazu führen, dass ich noch länger in der Kälte stehen muss. »Könnte ich jetzt? Mir ist kalt. Es hat ja niemand für nötig gehalten, mich abzuholen.«

»Ich soll Sie hier wohnen lassen, von mehr war nicht die Rede. Und ich mach das nur, weil ich Cassandra etwas schulde.«

»Vielleicht beruhigt es Sie ja, dass Cassy wohl jetzt mir etwas schuldet. Immerhin musste ich bei diesem Wetter die ganze Insel überqueren. Wenn sie mir gesagt hätte, dass ich auf einen Neandertaler ohne Anstand treffe, hätte ich mich besser vorbereitet.« Jetzt bin ich wirklich zornig. Dieser Hinterwäldler von einem Mann sieht scheinbar nicht einmal ein, mir den Weg in sein Haus freizugeben.

»Frauen wie Sie sind der Grund, warum ich lieber allein lebe«, knurrt er, macht mir nun aber doch endlich Platz. Ich greife mit erfrorenen Fingern nach meinen Koffern und ziehe sie hinter mir her in eine große Halle von der zwei Türen abführen und sich eine breite Treppe zum Obergeschoss windet.

»Sie sollen ja nicht mit mir leben. Ich bin sicher, es gibt hier genug Räumlichkeiten, um uns für die Zeit meines Aufenthalts aus dem Weg zu gehen. Sie werden mich nicht bemerken und ich werde Sie nicht ertragen müssen«, werfe ich bibbernd ein und grinse in mich hinein, als ich die Pfütze zu meinen Schlammfüßen sehe. »Das tut mir leid. Das müssten Sie jetzt wohl nicht sauber machen, wenn Sie mich vom Hafen abgeholt hätten.«

»Das macht nichts. Amanda kann das morgen wegmachen, wenn sie zur Arbeit kommt.«

Ich mustere den Mann genauer. Er hat einen scharf geschnittenen, sehr markanten Unterkiefer, ein breites Kinn, volle Lippen und eine gerade Nase. Nicht nur sein schwarzes Haar lässt ihn düster wirken. Alles an ihm wirkt rau und auf eine wilde Art attraktiv. Er trägt ein dünnes dunkelblaues Shirt mit einem verwaschenen Aufdruck, das jeden einzelnen Muskel seines Oberkörpers umschmeichelt. Er grinst mich selbstzufrieden an, als er meine Musterung bemerkt. Ich ziehe provokant die Augenbrauen hoch.

»Ich stelle gerade fest, körperlich sind Sie in der Lage, meine Koffer in mein Zimmer zu tragen.« Ich lasse die Griffe los und wende mich der Treppe zu. »Wo ist mein Zimmer? Ich brauche dringend eine heiße Dusche.« Ich bin eine freundliche Person, aber wenn man mir gegenüber ein solches Verhalten an den Tag legt, dann vergesse ich meine gute Erziehung. Außerdem hat meine Mutter schon immer gesagt: *Was ein Mann dir antut, tu ihm auch an. Männer haben es nicht anders verdient.* Bis vor Kurzem hätte ich ihr da widersprochen, aber seit Bill mir auf so nette Weise das Ende unserer Verlobung erklärt hat, habe ich meine Meinung geändert. Ich muss gestehen, was Männer betrifft, hat meine Mutter recht. Ich frage mich nur, warum sie dann ein zweites Mal vor den Altar getreten ist?

Mein breitschultriger, groß gewachsener Gastgeber nimmt sich knurrend meine Koffer und geht vor mir die Stufen nach oben. Ich werfe einen bewundernden Blick auf die knackige Rundung seines Hinterns in der lässig tief sitzenden Jeans. Mir gefällt, was ich sehe, aber natürlich gestehe ich es mir nicht ein, sondern ermahne mich in Gedanken, diesen Hintern absolut verachtenswert zu finden.

»Ihre Vorfahren sind Kelten?«, frage ich beiläufig, während wir oben ankommen und uns nach rechts wenden. Ich nicke anerkennend, als ich die kleinen dunklen Beistelltischchen sehe auf denen alte Vasen, Bilderrahmen und anderer Nippes stehen. An einer Wand entdecke ich das Gemälde einer rothaarigen jungen Schönheit mit moosgrünen Augen.

Er wirft mir aus silbernen Augen einen fragenden Blick über die Schulter zu. *Dieser starke Kontrast zum dunklen Haar, bemerkenswert*, denke ich. »Wie kommen Sie darauf?«

»Um ehrlich zu sein, war das eine rhetorische Frage und eigentlich wollte ich damit nur darauf anspielen, dass Sie nicht nur groß, dunkelhaarig und eben keltisch wirken. Sie knurren noch dazu wie ein Wilder von Vorgestern.«

Er bleibt stehen, dreht sich mit gerunzelter Stirn zu mir um und sieht mich bedrohlich an. Ich bin sicher, er hätte fast schon wieder geknurrt, hat es aber runtergeschluckt. Ich kichere zufrieden in mich hinein und sehe mit großen Augen unschuldig zu ihm auf. Er macht einen Schritt auf mich zu und sieht von oben auf mich herab.

»Und Sie sind mit Sicherheit eine verwöhnte Göre aus gutem englischen Haus, der ihre Mutter gelehrt hat, dass es eine gute Idee ist, Männer zur Weißglut zu treiben.«

Ich tu so, als müsste ich darüber nachdenken, dann schüttle ich den Kopf. »Das stimmt nicht ganz. Männer haben mich gelehrt, dass es eine gute Idee ist ...«

Er hebt die Hand und winkt ab. »Ich sehe schon, wir verstehen uns. Ich habe kein Interesse an Frauen und Sie keins an Männern. Das macht dieses erzwungene Zusammenleben hier ertragbar.«

»Oh nein«, werfe ich ein. »Sie verstehen das falsch. Ich bin nicht lesbisch. Nur vorerst absolut nicht an Arschlöchern interessiert. Davon hatte ich genug.«

Sein Blick gleitet über meinen Körper, verharrt kurz auf meinen Brüsten, von denen er nicht viel sehen dürfte, denn sie verstecken sich unter einem schwarzen Wollmantel. »Das meinte ich. Frauen, die an Männern interessiert sind, rennen nicht herum wie zugeschnürte Pakete.« Er nickt mit dem Kopf nach rechts. »Ihr Zimmer, Madam.« Damit lässt er mich stehen.

Ich gebe zu, ich habe mich zu sehr hinreißen lassen, aber dieser Mann hat etwas an sich, das mich mit den Zähnen knirschen lässt. Vielleicht liegt das nur an meinem körperlichen Zustand, vielleicht aber auch einfach an ihm selbst. Im Moment bin ich zu müde, das genauer zu ergründen. Ich greife nach meinen Koffern und betrete mein Zimmer auf Zeit.

Mein Zimmer ist nicht besonders groß, aber sehr gemütlich eingerichtet. Es erinnert mich ein wenig an alte Filme. An *Vom Winde verweht* und … Ja, auch an *Jane Austen*. Dunkles Holz, geblümte Tapeten und eine geblümte Tagesdecke. Weiße Spitze auf dem Toilettentisch und ein vom Alter erblindeter Spiegel. Das Gemälde einer Dame in der Mode des 19. Jahrhunderts an der Wand über dem Bett. Vor dem Fenster Gardinen, wie ich sie noch aus meiner Kindheit kenne, lange bevor es musterlose glatte Schals und bedruckte Gardinen gab. Ich trete an das Fenster, aber die Dunkelheit verschlingt, was auf der anderen Seite wartet. Müde sehe ich mich nach einer weiteren Tür um und muss feststellen, dass es keine gibt. Das Bad liegt irgendwo außerhalb meines Zimmers. Mir bleibt also nur, meinen Gastgeber zu suchen und ihn mit meiner Anwesenheit ein weiteres Mal zu belästigen oder mich selbst auf die Suche nach dem Bad zu machen. Ich packe meine Koffer aus, räume alles in den großen Kleiderschrank und klemme mir das unter die Arme, was ich für eine ausgiebige Dusche brauche.

Der Korridor hat ganz genau sieben Türen und jede einzelne sieht gleich aus. Ich sehe nach rechts und nach links und überlege, dass es vielleicht doch besser wäre, meinen Gastgeber zu fragen, hinter welcher sich das Bad befindet. Andererseits müsste ich ihn dazu auch erst einmal finden. So oder so, ich muss mich auf die Suche begeben und vielleicht habe ich ja Glück und finde das Bad, bevor ich ihn finde. Auf die Dusche habe ich gerade wirklich Lust. Auf ihn kein bisschen. Ich wende mich nach rechts und öffne die erste Tür. Sie führt in ein Büro. Es ist nicht groß. Bietet gerade einmal Platz für einen Schreibtisch und ein paar Regale. Auch hier sind die Möbel dunkel gehalten. Ich schließe die Tür wieder und öffne die nächste. Ein Schlafzimmer. Ich finde noch ein weiteres Schlafzimmer, dann muss ich den Gang zurückgehen und auf der anderen Seite der Treppe weitersuchen.

Ich öffne die erste Tür und entdecke, wie soll es anders sein, ein Schlafzimmer. Mein Gastgeber steht mitten im Raum, den Rücken zu mir. Er hält sein Shirt in den Händen. Er dreht sich zu mir um und mein Blick wird ungewollt von seiner breiten Brust angezogen. Er trägt ein Tattoo, das sich spiralförmig um seine rechte Brust windet und sich dann über die Schulter seinen Arm hinunter ausbreitet. Ich schlucke bei dem Anblick seines nackten Oberkörpers. Bisher habe ich nicht gewusst, dass ich auf Tattoos, Muskelberge und Waschbrettbauch stehe. Aber dieser Anblick gefällt mir nicht nur, er lässt meinen Mund trocken werden und meinen Puls schneller schlagen.

»Sie schnüffeln herum? Irgendetwas Interessantes entdeckt?«

Ja, deinen Körper aber davon abgesehen ... »Um ehrlich zu sein, nein. Aber ich wäre Ihnen äußerst dankbar, wenn Sie mir sagen würden, wo ich das Bad finde.« Ich halte mein Duschtuch hoch, um meinem

Gastgeber zu zeigen, dass ich keinesfalls geschnüffelt habe. »Und hätten Sie Ihre Pflichten als Gastgeber ernster genommen, dann müsste ich nicht danach schnüffeln.«

Er knüllt das Shirt zusammen und wirft es auf sein Bett, dann geht er mit großen Schritten an mir vorbei. Er bleibt mit zusammengekniffenen Lippen vor der nächsten Tür stehen und zeigt auf ein kleines goldenes Schild auf dem in verblassten Buchstaben *WC* steht.

Ich trete mit erhobenem Kinn an ihm vorbei und öffne die Tür. »Danke. Übrigens, schöne Blümchenvorhänge an ihrem Bett«, sage ich grinsend. Er kneift die Lider ein Stück zusammen. Gleich wird er wieder knurren. Ich warte schon lächelnd darauf, aber er tut es nicht.

»Die sind von meiner Frau.«

Das war unerwartet. Ich schlucke erstaunt, weil Cassy offensichtlich vergessen hat, das zu erwähnen. Aber ich bin auch überrascht, dass ein Neandertaler wie Kieran McDougal verheiratet ist. »Bestellen Sie Ihrer Frau, dass sie einen zwar kitschigen, aber interessanten Geschmack hat. Wo ist sie überhaupt? Ich hatte noch nicht die Ehre.« Ich bin nur neugierig. Das darf ich ja wohl.

»Nicht hier«, gibt er düster zurück und lässt mich schon wieder einfach stehen.

»Sind Sie deswegen nicht an Frauen interessiert? Weil Sie verheiratet sind? Dann würde ich das natürlich verstehen.«

Er bleibt stehen und wendet sich zu mir um. Ich stehe im Türrahmen zum Bad, das eine kleine Oase mit Eckbadewanne, Dusche und marmornen Fliesen ist, und mich mit dem Versprechen einer extrem entspannenden Dusche lockt. Aber das musste ich Kieran noch an den Kopf knallen. Er bringt mich einfach dazu, nicht ich zu sein. Und der Anblick seines fantastischen nackten Oberkörpers verursacht ein unanständiges und absolut ungewolltes aber sehr erotisches Kribbeln in mir.

»Genau das ist der Grund.«

2. Kapitel

Fair Isle ist wirklich nicht groß. Es gibt eine Schule, zwei kleine Läden, Schafe - mehr als Einwohner - und eins der bekanntesten Vogelobservatorien auf diesem Planeten. Die Vögel sind es, die die Insel berühmt machen, weil sie auf ihren Flügen von Nord nach Süd und umgekehrt hier vorbeikommen, hat mir ein mürrischer Schäfer erklärt. Die Menschen hier leben vorwiegend von der Herstellung von Wolle. Es gibt sogar eine Pullover-Manufaktur, wo nach alter Tradition Strickkleidung hergestellt wird.

Als ich heute Morgen aufgewacht bin, war ich allein. Mein Gastgeber hat mir ein Frühstück auf dem großen Tisch in der altmodischen Küche hinterlassen, das aus Müsli und Kaffee bestand. Das Müsli war mir zu ... gesund. Also habe ich nur den Kaffee getrunken. Ich habe den Vormittag damit verbracht, mich auf der Insel umzusehen. Hatte ein nettes Gespräch mit einer älteren Dame, ein nicht ganz so nettes mit einem alten Hirten und habe eine Schulklasse gesehen, die Vogelfedern an den Klippen gesammelt hat. Ich habe mir Notizen gemacht, mir meine Schuhe mit Vogelhinterlassenschaften versaut und mich dann eine Weile an eine der Steilklippen gesetzt und die Wellen beobachtet. Aber all das Rauschen und Vogelgeschrei hat mir nicht dabei geholfen, etwas zu finden, das auch nur annähernd eine Idee für mein nächstes Buch liefert. Trotzdem muss ich sagen, dass Fair der Vorstellung von einem Paradies sehr nahe kommt. Es ist so abgeschieden, dass mein Handy nicht klingelt und Facebook es nicht erreicht. Und es kann stolz auf seine malerisch romantische Landschaft sein - inklusive kleinem Castle und Leuchtturm. Und absoluter Einsamkeit, sieht man mal von den gelegentlichen Begegnungen mit Einwohnern und vogelinteressierten Touristen ab.

Klar ist, mein Buch soll ein Liebesroman werden. Die Kulisse ist perfekt für Romantik. Aber wie schreibt man einen Liebesroman, wenn die Liebe einen erst kürzlich in den Hintern getreten hat? Alles was mir einfällt, ist der Wunsch, im nächsten Buch mit den Männern abzurechnen. Im Moment habe ich den Glauben an Männer verloren. Die, die in der Stadt leben, sind fremdgehende Arschlöcher. Und die abseits der Zivilisation sind Hinterwäldler. Obwohl das Frühstück heute Morgen schon mehr war, als ich erwartet hatte, nach meinem gestrigen Zusammentreffen mit Kieran McDougal.

Ich stehe auf und beschließe, mich im Archiv im Gemeindehaus umzusehen. Die alte Dame vorhin hatte erwähnt, dass auf Sumburgh Castle eins der bekanntesten schottischen Gespenster sein Unwesen treibt. Ich bin zuerst nicht weiter darauf eingegangen, denn man kennt das ja als Bewohner der britischen Inseln. Hier spukt es ja angeblich überall. Ich für meinen Teil habe aber noch keinen Geist gesehen. Sie etwa? Aber ehe ich gar nichts tue, schaue ich mal, was es über diese junge Dame in Weiß so herauszufinden gibt. Irgendwoher muss ich mir Inspiration holen. Nicht nur, um überhaupt etwas für mein Buch zu haben, sondern auch, weil mich die

Langeweile auf dieser Insel sonst in den Wahnsinn treiben wird.

Etwa eine Stunde später sitze ich am einzigen Tisch im kleinen Gemeindearchiv und habe gefunden, wonach ich gesucht habe. Eine Liebesgeschichte, wie sie tragischer nicht sein könnte. Kein Wunder, dass Isobel McDougal zu einer Spukgestalt geworden ist. Isobel war die siebzehnjährige Tochter des damaligen Herren von Sumburgh Castle. Nach dem Stammbaum der McDougals, die Schwester von Kierans Urgroßvater. Sie hat sich in einen jungen Schäfer verliebt. Doch ihr Vater hatte etwas gegen die Beziehung. Warum steht nicht in dem Zeitungsbericht von damals. Aber ich vermute, weil der Hirte nicht standesgemäß war.

Zur damaligen Zeit, Ende des 19. Jahrhunderts, nicht selten, auch in unseren Breitengraden. Das arme Mädchen wurde kurz vor ihrem achtzehnten Geburtstag am Fuße einer Klippe gefunden. Man ging damals von Selbstmord aus. Ich sehe mir das Foto an, das Isobel auf den Steinen liegend zeigt. Sie trägt ein weißes Kleid. Ich nehme die Lupe, die mir die Angestellte zur Verfügung gestellt hat, und sehe mir Isobels Gesicht an. Es gibt leider nur das Bild ihrer Leiche. Trotzdem erkenne ich sie sofort wieder. Ich habe sie schon gesehen. Und mir fällt auch sofort ein wo. Auf Sumburgh Castle hängt ein Porträtgemälde von ihr. Ich kneife die Lippen zusammen, weil ich Mitleid mit dem armen Mädchen empfinde. Auch sie ist ein Opfer der Liebe geworden. Ich betrachte sie weiter durch die Lupe. In ihrer Hand hält sie etwas. Ich bewege die Lupe hin und her. Es ist eine

Taschenuhr. Ein junges Mädchen mit einer Herrenuhr in der Hand? Warum sollte sie sich mit dieser Uhr die Klippen hinuntergestürzt haben?

»Das ergibt doch keinen Sinn«, flüstere ich.

»Was ergibt keinen Sinn?«, möchte die Archivarin verwundert von mir wissen. Ich winke sie heran und zeige auf das Foto. Die Dame muss die Sechzig schon überschritten haben. Wahrscheinlich arbeitet sie nur noch hier, weil sie sonst nichts anderes zu tun hat auf dieser Insel. Sie beugt sich über den Zeitungsausschnitt und schaut durch die Lupe. Ihre grauen Locken kitzeln mich an der Wange. »Ich kann nichts Ungewöhnliches sehen.«

»Sie hat eine Taschenuhr in der Hand. Warum sollte sie die haben?«

»Vielleicht gehörte sie ihrem Vater?«

Ich runzle die Stirn. »Das denke ich nicht. Er hat versucht, sie von ihrem Liebsten fernzuhalten. Warum sollte sie dann mit seiner Uhr in der Hand springen?«

»Dann gehörte sie ihrem Liebsten.«

»Nein, nein«, sage ich ungeduldig. »Er war Hirte. So was konnte er sich bestimmt nicht leisten.« Ich klopfe mit dem Ende meines Kulis auf meinen Notizblock und grübele nach. »Sie ist nicht gesprungen. Sie wurde gestoßen.«

»Mord? Hier auf der Insel? Undenkbar.«

Ich werfe der Dame einen zweifelnden Blick zu und schiele auf ihr Namensschild, das sie wohl nur für die Touristen trägt. »Mrs Sheffield. Die Inselbewohner hier sind auch nur Menschen. Und Menschen sind nicht unfehlbar. Egal, wo sie leben. Ich bin sicher, dieses Mädchen wurde getötet. Und ich kann mir nicht vorstellen, dass man damals nicht auch auf den gleichen Gedanken gekommen ist«, beharre ich.

Sie schüttelt abwehrend den Kopf. »Das ist eine alte Geschichte. Heute nicht mehr wert als ein Touristenspaß. Sie sollten nicht zu viel hinein interpretieren.«

Ich mustere die leicht untersetzte Dame. Sie rückt ihre Brille zurecht und wirkt ein wenig nervös. Ist es meine Neugier, meine Anwesenheit überhaupt oder meine Unterstellung, dass auf dieser ruhigen Insel ein grauenvolles Verbrechen begangen wurde? Ihre Reaktion zumindest macht mich sehr stutzig. »Gibt es noch mehr Materialien über den Vorfall?«

»Nein, das ist alles«, sagt sie bestimmt. Diese Antwort versetzt mir einen traurigen Stich. Aber meine Neugier ist auf jeden Fall geweckt und ich beschließe für mich, dass Isobel es verdient hat, dass man erfährt, wer ihr Leben so früh beendet hat. Und Rätsel habe ich schon immer geliebt. Sie wecken etwas in mir. Bringen mich dazu, nach ihrer Lösung zu graben, bis ich sie gefunden habe. Und ein bisschen ist es auch die Liebesgeschichte dahinter, die mich nicht loslässt.

»Das ist schade. Aber vielleicht könnten Sie mir eine Kopie von diesem Artikel machen. Ich denke, ich werde der Sache auf den Grund gehen.«

Sie schluckt und sieht mich aus blitzenden Augen an. Vielleicht ist es auch die Angst davor, einen Touristenmagnet weniger vorweisen zu können, wenn Isobel erst einmal nicht mehr auf Fair Isle spukt. Ein

Mädchen, das aus Liebe den Freitod gewählt hat, ist eine bessere Spukgeschichte, als ein Mädchen, das ermordet wurde. Wie auch immer, ich werde mich dieses Rätsels annehmen, es gibt hier ja auch sonst nicht viel zu tun. Und ein McDougal-Familiengeheimnis aufzudecken, ist ein noch größerer Ansporn für mich, dieser Liebesgeschichte ein Ende zu verpassen. Ich verabschiede mich von Mrs Sheffield und mache mich auf den Rückweg zum Castle.

Als ich an dem kleinen Shop vorbeikomme, treffe ich die Dame von der Fähre wieder. In London hätte ich das einen Glücksfall genannt. Hier auf Fair Isle ist es vorprogrammiert, dass man sich immer und immer wieder über den Weg läuft. Weder die Wege, die man hier nutzen kann, sind zahlreich noch die Einkaufsmöglichkeiten. So oder so, ein Glücksfall ist es in diesem Moment wohl doch. Die Dame war schon auf der Fähre sehr redselig, vielleicht ist sie das noch immer.

»Mrs Bender, schön Sie wiederzusehen«, begrüße ich sie gespielt freudig und laufe lächelnd auf sie zu.

»Oh, die junge Frau, die auf Sumburgh Castle abgestiegen ist.« Sie lässt den Trolli los, den sie hinter sich hergezogen hat, und reicht mir die Hand. »Sie haben sich auf unserer Insel umgesehen?«

»Ja, ein wenig«, bestätige ich und sehe ihr dabei aufrichtig in die Augen. Sie soll das Gefühl bekommen, dass wir ein harmloses Gespräch führen und ich nichts zu verbergen habe. Ich seufze vernehmlich und streiche mir ein paar Strähnen aus dem Gesicht, die der Wind immer wieder aus meinem lockeren

Zopf reißt. »Ich hab mir die Manufaktur angesehen, war an der Nordklippe und auch im Observatorium.«

»Da haben Sie an Ihrem ersten Tag schon fast alles gesehen.«

»Ich habe sogar schon die erste Spukgeschichte aufgeschnappt«, sage ich und lasse sie dabei nicht aus den Augen. Sie zieht die Brauen hoch und sieht mich erstaunt an.

»Sie interessieren sich für Spukgeschichten?«

Ich nicke lachend. »Ich interessiere mich für alle Geschichten. Ich bin Autorin.« Dieses Mal spiele ich die Karte doch aus. Auch wenn Erotikromane immer ein Nasenkräuseln hervorrufen. Autoren, die Hilfe für eine Recherche brauchen, können fast immer mit dieser rechnen, weil die meisten Menschen so das Gefühl bekommen, an einem Buch mitgewirkt zu haben.

Sie beugt sich näher zu mir. »Und glauben Sie auch daran?«

»Wenn Sie wissen wollen, ob ich Isobel schon begegnet bin, nur ihrem Portrait. Aber da es ein Gemälde von ihr gibt, glaube ich auch, dass ihrer Spukgeschichte etwas Wahres zugrunde liegt.«

»Uns Frauen liegt allen eine gewisse Neugier zugrunde«, kontert sie. »Aber Sie haben recht. Eine tragische Geschichte.«

»Wissen Sie etwas darüber?«, hake ich nach. »Liebesgeschichten haben ihre ganz eigene Melodie und ich bin mir sicher, Isobels Melodie ist sehr düster und traurig.« Ich biete ihr an, uns einen Kaffee aus dem Laden zu holen, aber sie lehnt ab.

»Isobel ist ja schon einige Zeit tot. Eigentlich weiß ich kaum mehr als alle, die hier wohnen. Sie hatte sich in einen jungen Hirten verliebt, aber ihr Vater wollte, dass sie einen wohlhabenden Adligen heiratet. Zur damaligen Zeit nichts Ungewöhnliches. Wenn es nach meinem Vater gegangen wäre, hätte ich auch einen anderen Mann geheiratet. Meiner ist Ornithologe.«

»Also wissen Sie nicht, wie sie gestorben ist?«

»Doch, doch. Sie ist gesprungen. Hat man Ihnen das nicht erzählt?«

Innerlich stöhne ich fast auf, aber dann bemerke ich ein kleines unsicheres Flackern in den Augen der alten Dame. »Ist das das einzige Gerücht, oder wird insgeheim ein anderes Ende geflüstert unter den Einwohnern der Insel?«

Sie tritt einen Schritt zurück und mustert mich schockiert. »Wie kommen Sie darauf? Nein, es gibt kein anderes Ende.«

»Entschuldigen Sie, manchmal geht meine Fantasie mit mir durch. Ich bin eben doch mit Leib und Seele Geschichtenerzählerin.« Ich lächle sie wieder offen an und Mrs Bender ringt sich auch ein unsicheres Lächeln ab. Ich habe das Gefühl, dass sie und Mrs Sheffield beide recht angespannt auf meine Frage nach der wirklichen Todesursache von Isobel reagiert haben. »Ich überlege, Isobels Geschichte aufzuschreiben. Als Buch, wissen Sie. Natürlich mit einem romantischeren Ende«, füge ich besänftigend hinzu. Ich gebe mir Mühe, meine bisher einzige Recherchequelle auf dieser Insel nicht erzürnt zurückzulassen. Wer weiß, vielleicht kann ich mir ihr Vertrauen doch noch erschleichen. »Ich bin hergekommen, um eine Liebesgeschichte zu schreiben. Was halten Sie davon? Ein Buch, das auf Ihrer wundervollen Insel spielt?«, locke ich weiter.

»Ein Buch, das auf Fair spielt, fände ich gut. Viel zu wenige Menschen kennen Fair Isle und wissen, wie schwer und wie schön zugleich unser Leben hier ist. Aber Sie sollten Isobel ruhen lassen. Vielleicht fällt Ihnen eine andere Liebesgeschichte ein.«

Ich grinse geheimnisvoll und zwinkere Mrs Bender zu. »Wollen Sie mir Ihre erzählen? Vielleicht demnächst bei einem Kaffee?«

»Meine?«, keucht sie erstaunt und drückt eine Hand auf ihr Herz. »So wundervoll der Gedanke ist, meine eigene Liebesgeschichte in einem Buch zu lesen, aber ich befürchte, sie ist nicht interessant genug«, sagt sie ausweichend.

»Das war auch nur ein Spaß«, sage ich und tätschle beruhigend ihre Hand. »Ich hoffe, wir haben noch einige Male die Möglichkeit, uns so nett zu unterhalten.« Ich verabschiede mich von ihr, mit dem Gefühl, dass ich sie davon überzeugt habe, Isobels Liebesgeschichte längst vergessen zu haben. Aber ihre Nervosität wegen des tragischen Endes des jungen Mädchens bestätigt meine Annahme, dass es ein Geheimnis gibt, das nirgends geschrieben steht.

Als ich dieses Mal vor dem Castle stehe, ist es noch hell und ich nehme mir einen Augenblick, das historische Gebäude zu bewundern. Ich liebe alles, was historisch ist und so ein Castle ist very historisch. Dieses hier ist klein und besteht nur aus zwei Gebäudeteilen; einem kastenförmigen Haupthaus mit nur zwei Etagen. Das ist der Teil, in dem ich derzeit wohne. Und einem viereckigen Turm mit Zinnen, der etwas höher ist als das Hauptgebäude und an dem Efeu sich nach oben rankt. Wenn man genau hinhört, dann kann man die Wellen gegen die Klippen branden hören.

Ich betrete das Castle und reibe mir die kalten Wangen. Der Wind ist heute noch eisiger als gestern. Eine breite Tür steht im Eingangsbereich offen. Ich hänge meinen Mantel an die Garderobe und stoße die Tür weiter auf, bereit Kieran McDougal die richtige Antwort an den Kopf zu knallen, falls er wieder Lust darauf haben sollte, den Neandertaler raushängen zu lassen. Aber er ist nicht im Raum. Dafür eine Herzklopfen auslösende unzählbare Menge an Büchern, die sich über drei deckenhohe Regale ausbreiten. Dieser Verlockung kann ich unmöglich widerstehen. Ich betrete die Bibliothek, sauge den Geruch alter Bücher tief in meine Lungen und stöhne wohlig. Von so einer Bibliothek im eigenen Haus habe ich schon immer geträumt. Wer nicht? Ich strecke eine Hand aus und lasse sie über die verschiedenen Buchrücken gleiten. Da sind alte in Leder eingebundene Werke und neue Taschenbücher. Ein paar Buchrücken erkenne ich sofort: Thriller von Brown, Horror von King. Nicht ganz mein Geschmack. Ich mag es lieber romantisch. Wobei mir die Lust darauf in letzter Zeit irgendwie vergangen ist. Vielleicht sollte ich es doch mal mit Thrillern probieren. Vorzugsweise einen, in dem ein betrügerischer Exverlobter ermordet wird.

Ich ziehe einen besonders großen Lederband heraus und keuche erstaunt über das Gewicht auf. Weder auf dem Buchrücken noch auf dem Deckel steht ein Titel. Ich trage das schwere Buch zu dem großen Schreibtisch vor dem Rundbogenfenster und knipse die Leselampe an, weil das dunkelgelbe Deckenlicht, das jemand wohl vergessen hat auszuschalten, nicht hell genug ist, um zu lesen. Vorsichtig klappe ich das Buch auf und seufze leise, als ich den wunderschönen, detailreichen Baum sehe. Auf seinen Ästen sitzen kleine Kästchen mit Namen und Daten. Das älteste Datum ist vom 17. Juni 1746. Der Name darüber ist der von einem Mann: Duncan McDougal. Auf dem Ast neben seinem Kästchen steht der Name: Kayla McDonald, geb.: 23. Januar 1752.

Auf einem der unteren Äste steht der Name Isobel. Neben ihr der ihrer Schwester Kendra und ihres Bruders Cedric. Danach folgen keine Kinder mehr. Man hatte aufgehört, diesen Stammbaum fortzusetzen. Ich bin mir sicher, dass Isobels Tod der Grund dafür war. Ich blättere zur nächsten Seite, die ein gemaltes Porträt von Duncan McDougal zeigt. Darauf folgt ein Porträt von seiner Frau. Dann handgeschriebene Worte in einer alten Schrift, die ich nicht lesen kann. Nur einzelne Buchstaben oder Wortfetzen kann ich zusammenfügen, aber die nächsten Seiten erzählen wohl die Geschichte von Duncan und seiner Frau. Das Buch ist eine Familienchronik. Jetzt verstehe ich noch mehr, warum man sie nach Isobels Tod nicht weitergeführt hat. Auch wenn die Autorin und Geschichtsfanatikerin in mir ein wenig wehmütig gestimmt ist, bei dem Gedanken, welches Wissen über die vergangenen Generationen dadurch vielleicht für immer verloren ist.

»Ich sehe, Sie schnüffeln schon wieder.« Kieran lehnt mit vor der Brust verschränkten Armen im Türrahmen. Sein Blick verrät, dass er nicht begeistert ist, mich hier vorzufinden. Ich straffe die Schultern, obwohl mir eher nach Flucht zumute ist, und sehe ihn so selbstsicher ich kann an. Ich schlucke und ignoriere das Flattern in meinem Magen, das sein Auftauchen ausgelöst hat.

»Ich schnüffel nicht, ich recherchiere«, sage ich, als würde das ungeschehen machen, dass ich in der Vergangenheit von Kierans Familie herumstöbere. Innerlich winde ich mich, weil er mich erwischt hat und ich mich schuldig fühle. Verdammte Neugier aber auch. »Im Übrigen fehlen hier Namen und Einträge«, werfe ich ihm vor, als hätte er es versäumt, die Chronik fortzusetzen.

»Das weiß ich. Und es interessiert mich nicht.«

Ich klappe das Buch zu und schiebe es in die Mitte der Schreibtischplatte, dann setze ich mich auf den Schreibtisch und schlage lässig die Beine übereinander. »Heißt das, Sie interessieren sich nicht für Ihre Familie? Oder wissen Sie nur nichts über Ihren Vater und Großvater?«

Er kommt näher und bleibt vor mir stehen. »Wussten Sie, dass Neugier gefährlich sein kann«, sagt er bedrohlich.

»Bedrohen Sie mich schon wieder? Dann muss ich Ihnen sagen, ich fürchte mich noch immer nicht vor Ihnen. Cassy hat mich vorgewarnt. Sie sagte: *Er sieht groß und gefährlich aus, aber er ist sanft wie ein Teddybär.*«

»Das hat sie nicht gesagt?«

»Sie knurren schon wieder«, sage ich im lockeren Plauderton und sehe unverwandt in seine silbergrauen Augen, die mich wütend anfunkeln. Vielleicht sollte ich Angst haben, aber ihn zu reizen, macht mir mehr Spaß, als es sollte. Ich finde es aufregend, wie er bedrohlich über mir aufragt und mich versucht, nur mit seinen Blicken einzuschüchtern. Das lässt mein Herz schneller schlagen. Ich wundere mich über mich selbst. Eigentlich bin ich niemand, der auf Gefahr steht, aber diese Gefahr stößt etwas in mir an, das ich nicht kenne. Und weil ich nun mal so neugierig bin, möchte ich dieses neue Gefühl ergründen. Also muss ich fortfahren, ihn zu reizen, damit er fortfährt, mich so anzusehen. Damit dieses Kribbeln in mir nicht erlischt sondern wächst und ich es besser analysieren kann.

»Und Sie spielen ein Spiel, das Sie nicht gewinnen können.«

»Ich spiele kein Spiel«, sage ich und sehe unschuldig zu ihm auf. »Wie Sie schon treffend sagten, ich bin neugierig. Wussten Sie, dass es in diesem Castle spukt?«

Er blinzelt verwirrt. »Ich hielt Sie für eine gebildete Frau. Jetzt sagen Sie bloß nicht, Sie glauben an diesen Mist?« Er tritt einen Schritt zurück und ich kann gleich besser atmen. Die Luft um mich herum ist trotzdem noch von seinem würzig männlichen Geruch erfüllt. Und von dem Duft eines wilden, natürlichen Aftershave, das gut zu ihm passt.

»Ich halte mich auch für eine gebildete Frau. Natürlich glaube ich nicht daran, dass Ihre Vorfahrin hier herumgeistert. Zumindest nicht als Spukgespenst. Aber ihr Geist scheint nicht nur das Castle zu umgeben, sondern die ganze Insel. Und da ich, wie Sie nun mal festgestellt haben, sehr neugierig bin, will ich mehr über sie erfahren.«

Kieran schüttelt lachend den Kopf. »Tut mir leid, aber ich kann Ihnen da nicht weiterhelfen.«

»Dann haben Sie vor, das Geheimnis genauso für sich zu behalten, wie alle anderen auf dieser Insel?«

Er geht auf eines der Regale zu und zieht ein paar der Buchrücken auf. Ich schlucke erstaunt, als ich erkenne, dass diese Buchrücken keine Buchrücken sind, sondern die Tür zu einem versteckten Fach. »Ein Geheimfach!«, flöte ich.

»Kein Geheimfach, ich hab es Ihnen doch eben gezeigt. Wenn es geheim wäre, hätte ich es nicht geöffnet, solange Sie im Raum sind. Nur das Versteck für eine Flasche Whisky und ein paar Gläser. Möchten Sie auch?«

»Ich trinke eigentlich so gut wie nie, aber warum nicht. Wenn ich Sie mir dadurch erträglicher trinken kann.«

»Das war auch mein Plan.«

»Sie können sich selbst nicht ertragen?«

Er sieht mich an, während er die Flasche aufschraubt. »Ich kann neugierige Frauen nicht ertragen. Aber da Sie wohl keine Ruhe geben werden, dachte ich, ich erzähl Ihnen, was ich weiß, damit wir schnellst möglich wieder dazu übergehen können, uns gegenseitig Beleidigungen an den Kopf zu werfen.«

»Oh«, mache ich gekünstelt, nehme das Glas mit Whisky, das er mir reicht, und proste ihm zu. »Ich mag Sie auch nicht, also kein Problem.«

Er stellt die Flasche wieder zurück in das Fach, geht um den Schreibtisch herum und setzt sich in den dunkelbraunen Ledersessel dahinter. Sein Blick gleitet über meinen Körper, bleibt an meinen Lippen hängen und verschmilzt dann mit meinem Blick. Und mit verschmelzen meine ich verschmelzen, denn sein Blick ist so heiß, dass er sich in meinen brennt. Er ist gut fünf, vielleicht mehr, Jahre älter als ich. Zumindest hat er die dreißig schon überschritten. Und er wirkt sehr männlich. Wisst ihr, was ich meine? Diese Art von Mann, bei der man das Gefühl hat, sie wären gerade aus der Wildnis gekommen: rau, dunkel, erotisch und geheimnisvoll. Ich muss ein Seufzen unterdrücken.

»Also, ich kann Ihnen nicht sagen, warum die Chronik nicht weitergeführt wurde. Ich kann Ihnen gar nichts sagen. Auf dieser Insel bin ich genauso fremd wie Sie.«

Ich runzle ungläubig die Stirn. »Aber Sie sind doch hier geboren und Sie haben dieses Anwesen geerbt, oder nicht?« Ich nippe an dem Whisky und kämpfe den Husten herunter, der sich beim ersten Schluck ankündigt.

»Ja, das stimmt. Aber ich bin in Glasgow bei meiner Mutter aufgewachsen. Meine Eltern waren geschieden.«

»Dann wissen Sie gar nichts über Isobel und wie sie gestorben ist?«

Er schüttelt zufrieden den Kopf. Der Ausdruck in seinem Gesicht sagt mir, dass er glücklich damit ist, meine Neugier enttäuschen zu können. Ich kneife verärgert die Lippen zusammen. »Nicht mehr, als jeder Tourist hier auch. Und ich bezweifle, dass es da viel mehr gibt.«

Ich trete an den Schreibtisch heran und ziehe die Kopie des Artikels aus der Tasche meiner Jeans. Ich falte sie auseinander und lege sie vor Kieran auf den Tisch. Dann tippe ich mit dem Finger auf die Taschenuhr. »Sehen Sie das?«

Er beugt sich über das Bild, ich nehme eine Lupe aus einem Becher mit allerlei Stiften und Scheren und halte sie ihm hin. »Das ist eine Herrenuhr«, sage ich ernst. »Und sagen Sie jetzt nicht auch noch, dass sie ihrem Liebsten gehört hat. Der hätte sich so eine Uhr nicht leisten können.«

»Sie glauben also, sie ist gestoßen worden.« Er sieht zu mir auf und ich erkenne sofort, dass ich sein Interesse habe. Er ist genauso neugierig wie ich.

»Ich bin mir sogar sicher.«

»Und Sie denken, ich könnte etwas wissen oder herausfinden? Keine Chance. Ich wohne seit etwa sechs Monaten hier und hab es zu kaum mehr als einem *Guten Tag* geschafft. Die Menschen hier sind Fremden gegenüber sehr verschlossen. Sie wirken zwar nach außen hin freundlich und behandeln Gäste sehr gut, aber Sie werden es schwer haben, hier Anschluss zu finden, wenn Sie nicht von dieser Insel stammen.«

Ich lasse enttäuscht die Schultern hängen. Das bedeutet wohl, ich werde aus den Anwohnern hier überhaupt nichts herausbekommen, selbst wenn sie mehr wissen, als sie zugeben. Ich werfe Kieran ein freches Lächeln zu. »Dann sollten Sie sich vielleicht anstrengen, weniger sauertöpfisch herumrennen und sich besser integrieren. Schließlich wollen Sie hier leben.«

»Zufällig genieße ich mein Einsiedlerleben.«

»Sie kommen mir nicht vor wie jemand, der es genießt allein zu sein.«

Er trinkt sein Glas mit einem Schluck aus und knallt es heftig auf den Tisch. »Wie komme ich Ihnen denn vor?«

»Wie jemand, der dieses Leben erst kürzlich gewählt hat, weil er vor etwas davon läuft.«

»Und was macht Sie da so sicher?«

Sicher macht mich da gar nichts, aber ich verfüge über eine gute Menschenkenntnis. Die ist hilfreich in meinem Beruf. Und wenn ich Kieran McDougal ansehe, dann sehe ich einen Mann mit Machtposition vor mir. Jemanden, der die Menschen um sich herum nur mit einem Blick kontrollieren kann. Jemand, der diese Macht über andere sogar genießt. Zumindest genossen hat. Und ich sehe keinen Einsiedler, der die Einsamkeit bevorzugt. »Ihr arrogantes und selbstverliebtes Auftreten und die Art und Weise, wie Sie andere Menschen von oben herab behandeln.«

»Ich behandele Sie in keinster Weise von oben herab.«

»Oh doch, das tun Sie. Sie merken es nur nicht, weil Sie schon zu sehr mit dieser Rolle verwachsen sind«, sage ich und stütze mich mit beiden Händen auf der Tischplatte ab. Mein Puls rast vor Aufregung und auch ein bisschen vor Angst, weil ich eigentlich nicht so mit anderen Menschen rede. Er macht das mit mir. Er verändert mich. Nein, er zwingt mich dazu, so zu reden. Nur so kann ich ihn dazu bringen, mir zu helfen, denn ich bin sicher, dass die Einheimischen ihm gegenüber offener sein werden als mir gegenüber. Immerhin ist er einer von ihnen. »Was machen Sie beruflich? Ich wette, Sie sind in irgendeiner Führungsposition. Immerhin können Sie es sich erlauben, hier zu leben, obwohl Ihre Arbeit wahrscheinlich irgendwo anders ist. Glasgow?«

Er lehnt sich in den Sessel zurück und lässt die angespannten Schultern sinken. Seine Hände liegen auf den Armlehnen. Ich riskiere einen genaueren Blick auf seine Finger. Sie sind lang, die Nägel gepflegt. Trotzdem wirken seine Hände kraftvoll. »Um genau zu sein, bin ich arbeitslos.«

Ich reiße erschrocken die Augen auf, dann besinne ich mich auf meine eben gemachte Feststellung und darauf, dass seine Kleidung äußerst teuer wirkt. Gestern noch trug er eine Jeans, heute einen feinen schwarzen Anzug. Der Kragen seines weißen Hemdes steht offen. »Das denke ich nicht.«

Er steht auf und geht um den Tisch herum auf die Tür zu. »Wie wäre es mit Abendbrot? Meine Haushälterin hat für uns gekocht, bevor sie gegangen ist.«

Ich folge ihm in eine geräumige Küche auf der anderen Seite der Eingangshalle. Auf einem Tisch für sechs Personen, der in einem abgetrennten Essbereich steht, stehen zwei Teller, Gläser, eine Flasche Rotwein und Keramikschüsseln auf Warmhalteplatten.

»Ich hoffe, Sie mögen Hodge-Podge.«

Hodge-Podge oder auch Kuddelmuddel ist eine schottische Hauptspeise. Ein Eintopf, den auch meine Mutter schon gekocht hat. Ich weiß nicht, ob er erwartet hat, dass ich angewidert reagiere, aber eigentlich mag ich dieses Durcheinander von verschiedenen Gemüsesorten und Fleisch sogar ganz gerne. »Danke, meine Mutter hat das auch schon des Öfteren gekocht.«

Er füllt unsere Teller und Gläser und setzt sich mir gegenüber. Ich bin froh, dass wir nicht an den jeweiligen Enden des Tisches sitzen, sondern an den Seiten. So muss ich nicht über den Tisch schreien, wenn wir uns unterhalten. »Sie glauben also nicht, dass ich arbeitslos bin?«, hakt er nach. Ich schiebe den ersten Bissen in meinen Mund und lasse mir Zeit beim Kauen.

»Nein, denke ich nicht.«

»Ich hatte eine Firma. Aber ich habe sie verkauft. Nun ja, zumindest zum großen Teil. Ein paar Anteile habe ich behalten.«

»Sie hatten eine Firma? Was haben Sie genau gemacht?«

»Sie sind schon wieder neugierig.«

»Ich weiß, und natürlich ist das unhöflich. Nur Amerikaner stören sich nicht an persönlichen Fragen. Hat meine Mutter mir ständig runtergebetet. Aber ich bin wie ich bin und wem es nicht passt, der muss ja meine Fragen nicht beantworten.«

Er lacht und nimmt einen Schluck von seinem Wein. »Kennen Sie *MyDiarybook*?«

»Dieser Facebook-Abklatsch?«, hake ich nach und sehe ihn ungläubig an.

Er verzieht grimmig das Gesicht. »Genau den. Aber wir waren vor Facebook da. Ich habe die Seite gegründet.«

Ich mustere ihn erstaunt. »Sie sind also ein Nerd? Damit überraschen Sie mich eiskalt.«

»Ja, die wenigsten halten mich für einen langweiligen Computerfuzzi.«

Dafür habe ich ihn wirklich nicht gehalten. Eher für den CEO einer großen Immobilienfirma oder einen Finanzhai. Aber etwas so harmloses wie einen Erfinder einer Community-Seite im Internet, auf der sich wildfremde Menschen private Dinge mitteilen, die sie im realen Leben nie einem Fremden sagen würden. Damit habe ich nicht gerechnet. »Wie kommt es, dass Sie beschlossen haben, sich zurückzuziehen?«

»Sie sehen nicht oft in die Nachrichten, oder?«

»Nein«, bestätige ich. »Die meiste Zeit sitze ich genau wie Sie am PC und arbeite. Nachrichten tun mir nicht gut. Ich will nicht täglich von all dem Hass und der Gewalt auf diesem Planeten hören müssen. Das macht mich depressiv und raubt mir die Kraft, humorvolle Dialoge und Szenen zu schreiben.«

»Das verstehe ich«, sagt er und schenkt uns Wein nach. »Sie sind nicht verheiratet?«

»Um genau zu sein, hängt in meinem Kleiderschrank ein Brautkleid, das ich nicht mehr brauche.«

»Warum?«, fragt er knapp und zieht eine Augenbraue abwartend hoch.

»Mein Verlobter hat erst vor drei Wochen mit mir Schluss gemacht. Per Handynachricht.« Ich sage es gerade heraus und stelle wieder fest, wie wenig es mich berührt, es auszusprechen. Um ehrlich zu mir selbst zu sein, muss ich sogar eingestehen, dass ich, seit ich auf der Insel bin, so gut wie gar nicht mehr an Bill gedacht habe. Sind meine Gefühle für ihn so schnell erloschen? Habe ich ihn überhaupt geliebt? Als wir zusammengekommen sind, waren wir beide erst siebzehn. Wir kennen uns noch aus der Schule. Das liegt mittlerweile so lange zurück, dass ich mir gerade nicht einmal sicher bin, was ich damals für ihn empfunden habe. Hat es in meinem Bauch jemals geflattert, wenn ich ihn angesehen habe? Dieses Flattern, das ein Blick aus den Augen von Kieran McDougal in mir auslöst? »Er hat mich mit meiner Freundin betrogen.«

Kieran sieht verärgert aus, als er mich jetzt ansieht. Seine volle Unterlippe wird zu einer harten Linie und sein Blick, den er mir zuwirft, wird sanfter. »Meine Frau hat mich mit meinem Partner betrogen«, sagt er knapp und kippt seinen Wein runter. »Deswegen hab ich die Firma aufgegeben. Ich hätte es nicht ertragen, die beiden ständig zusammen zu sehen. Nicht, weil ich sie noch liebe, sondern wegen des Verrats. Ich fand es besser zu gehen. Unsere Versammlungen sind in den letzten Monaten nicht so gut gelaufen und es macht keinen guten Eindruck auf künftige Geschäftspartner, wenn sich die Führung einer Firma während eines Treffens die Nasen zu Brei schlägt.«

»Das kann ich mir vorstellen«, pflichte ich ihm bei.

»Wie lange waren Sie mit Ihrem Verlobten zusammen?«

»Wir sind mit siebzehn zusammen gekommen. Wir sind zusammen aufgewachsen. Die Hochzeit sollte an unserem zehnten Jahrestag stattfinden.«

»So lange war ich mit meiner Frau nicht verheiratet. Nur zwei Jahre. Davor waren wir ein Jahr zusammen.«

»Oh, dann hat sie sich wirklich nicht viel Zeit gelassen. Wie alt sind Sie, wenn ich fragen darf?«

Ein Mundwinkel zuckt, bevor er antwortet. »Warum interessiert Sie das?«

»Ich will Sie nicht daten. Ich bin nur neugierig, immerhin waren Sie Anteilhaber einer großen Firma. Die meisten Menschen, die es so weit schaffen, sind viel älter als Sie.«

»Ich bin viel älter als Sie«, sagt er und zwinkert mir auf eine Weise zu, die sich sofort zwischen meinen Schenkeln manifestiert. Verwirrt senke ich den Blick auf mein Weinglas. Die Stimmung zwischen uns hat sich in den letzten Minuten von frostig hin zu lauwarm geändert, was ich ganz angenehm finde. »Ich mag Ihre Neugier. Sie hat ihren Reiz«, meint er plötzlich und grinst belustigt. »Ich bin fünfunddreißig.«

Ich mustere ihn übertrieben. »Ich hatte Sie älter geschätzt.«

Er verschränkt die Arme vor der breiten Brust. »Hatten Sie nicht.«

Er steht auf und bleibt neben mir stehen. »Ich kann Ihnen den Dachboden zeigen, wenn Sie mögen.

Dort oben gibt es eine Menge alter Sachen. Vielleicht finden Sie dort, was Sie suchen.«

»Danke, ich wäre Ihnen dankbar für jede Hilfe. Ich werde mein Bestes geben, um herauszufinden, wessen Uhr das in Isobels Hand ist.« Er grinst und nickt.

3. Kapitel

Ganz offensichtlich bin ich wahnsinnig geworden, denn ich stehe schon wieder auf dieser Fähre und verbringe drei Stunden meiner Zeit damit, von einer Insel auf die andere zu schippern und gegen die aufsteigende Übelkeit anzukämpfen. Gerade bin ich sehr froh, dass ich heute auf das Frühstück verzichtet habe. Und dass ich diese drei Stunden dann auch wieder zurückfahren muss, daran möchte ich noch gar nicht denken. Wie schaffen es nur die fünf Leute um mich herum, sich zu unterhalten, als würden wir nicht gerade durchgeschüttelt wie in einer Waschmaschine? Ich halte die Luft an und blähe die Wangen auf. Wasser spritzt mir ins Gesicht, weil ich vorsichtshalber nach draußen an die Reling gegangen bin, um den Mitreisenden auf der kleinen Fähre nicht meinen nicht vorhandenen Mageninhalt vor die Füße zu kotzen.

Nachdem Kieran mir vorgestern den sehr großen und sehr überfüllten Dachboden gezeigt hat, ist mein Gastgeber für den Rest des Abends in seinem Zimmer verschwunden, während ich mich den gesamten gestrigen Tag durch Kisten, Truhen und Regale gewühlt habe. Und ich habe jede einzelne Sekunde geliebt. Kleider, Schuhe, Mäntel, Fotokisten. Eine unerschöpfliche Entdeckungsreise durch mehrere Jahrhunderte. Jeder Museumsdirektor würde vor Begeisterung in Tränen ausbrechen. Ich war auch begeistert, aber meine Tränen stammten vom Staub, der sich überall an mir festgesetzt hatte. Und als meine Begeisterung gerade dabei war, in Frustration umzuschlagen, habe ich endlich etwas gefunden, das mit Isobel in Verbindung stand. In einer dunklen Ecke versteckt stand eine unscheinbare dunkle Truhe. Und in dieser Truhe lagen Kleidungsstücke, ein paar Briefe und zwei Tagebücher. Isobels Tagebücher. Ich habe die Tagebücher an mich genommen. Was ich nicht gefunden habe, war die Taschenuhr.

Aus diesem Grund nehme ich die Magenkrämpfe und das Würgen auf mich und setze mit der Fähre über nach Mainland, wo ich mich in Kirkwall umhören möchte. Was übrigens Kierans Vorschlag gewesen war. Der Mann kann doch ganz nett sein, wenn er möchte. Zumindest hatte er gestern einen guten Tag und hat sich, bei den wenigen Gelegenheiten, bei denen wir uns im Haus über den Weg gelaufen sind, als überaus hilfsbereit und freundlich erwiesen.

Mainland ist die größte der Orkney Inseln und Kirkwall der Hauptort. Ich hoffe, hier zu finden, womit man mir auf Fair nicht weiterhelfen möchte. Die Einwohner von Kirkwall werden kaum das Bedürfnis haben, etwas zu verschweigen, was nur Fair betrifft. Was ich bisher über Kirkwall weiß, ist, dass hier der berühmte *Highland Park Whisky* hergestellt wird. Und was ich mit Erleichterung feststelle, als wir endlich angelegt haben, ist, dass es hier auch heute wieder Taxis gibt. Es dauert einige Minuten, bis ich es auch fertigbringe, einen Fuß vor den anderen zu setzen, um mich auf eins der Taxis zu zubewegen. Als erstes lasse ich mich zum örtlichen Archiv fahren.

Wir fahren an der Sankt Magnus Kathedrale vorbei, lassen wunderschöne alte Natursteinhäuser hinter uns und halten vor einem großen historischen Gebäude in der Nähe des Marktplatzes. Ich betrete das Archiv und bin schon erleichtert, als ich freundlich von einem jungen Mann begrüßt werde. Mit alten Damen hatte ich bisher wenig Glück, wenn es darum ging, Isobels Ende aufklären zu wollen. Der junge Mann führt mich an einen kleinen runden Tisch und bringt mir verschiedene auf Fiche gebannte Zeitungen. Ich arbeite mich durch die Tageszeitungen der Umgebung, nur um eine Stunde später frustriert aufzugeben. Alles, was ich gefunden habe, ist der Artikel, den ich schon kenne.

»Mr Keller, es tut mir leid, wenn ich Sie noch einmal unterbrechen muss.« Der junge Mann sieht zu mir auf und rückt seine breit umrandete Brille auf der Nase zurecht. Er hat gerade mit einem Füller Zahlen in eine Tabelle eingetragen. Er lächelt mich aufmunternd an. Meine Störung scheint ihm also nichts auszumachen. Das habe ich sehr gehofft, ich habe schon genug Menschen vergrault, die mir hätten helfen können. »Ich recherchiere einen alten Todesfall, der zu dem Zeitpunkt stattgefunden hat, für den Sie mir die Zeitungen herausgesucht haben. Leider habe ich dazu nichts Neues gefunden. Aber vielleicht können Sie mir weiterhelfen. Es geht um die Spukgeschichte, die man den Touristen auf Fair erzählt. Die Frau im weißen Kleid, Isobel McDougal. Gibt es zu ihrem Tod wirklich nur einen einzigen Artikel?«

Er bedeutet mir, mich ihm gegenüber zu setzen und ich schöpfe schon Hoffnung. »Ich kenne die Geschichte. Ich befürchte, viel mehr, als in diesem Artikel zu finden ist, gibt es auch nach all den Jahren nicht mehr. Ich nehme an, es wurde eher noch mehr hinzugedichtet. Damals hat man es mit der Berichterstattung noch nicht ganz so ernst genommen, wie das heute der Fall ist. Zumindest hier bei uns nicht. Negative Nachrichten hat man hier verdrängt und versucht, sie klein zu halten. Und ein Skandalblatt gab es hier nicht.«

Ich seufze auf und rutsche auf dem unbequemen Holzstuhl umher. In mir macht sich die Angst breit, dass ich gänzlich auf Isobels Tagebücher angewiesen sein werde. Nur werden die mir wohl kaum ihren Mörder liefern. Außer sie spukt doch als weiße Frau durch Sumburgh Castle und hat gelernt, ihr Tagebuch auch nach ihrem Tod weiterzuführen. »Danke«, sage ich kleinlaut und stehe auf. Ich sehe auf die Uhr, mir bleibt noch etwa eine Stunde, bis ich die Fähre zurück erwischen muss.

»Sie könnten es aber im Archiv der Polizeistation versuchen. Ich weiß, dass sie dort auch sehr alte Fälle noch aufbewahren.«

Mein Herz macht einen Sprung, als ich erneut Hoffnung schöpfe. Natürlich wird es dort eine Akte zum Fall geben. Und diese sollte nach all der Zeit auch nicht mehr für die Öffentlichkeit gesperrt sein. Ich bedanke mich noch einmal, trete vor die Tür und sehe mich nach einem Taxi um. Leider finde ich diesmal keins, also frage ich Passanten und stehe nach wenigen Minuten vor der Polizeistation. Ich reibe mir über die Arme, weil es abgekühlt hat. Und sehen die Wolken noch bedrohlicher aus als bei meiner Ankunft in Kirkwall? Ich haste in das unscheinbare kleine Gebäude und spreche an der Anmeldung vor. Ich werde verwundert gemustert, als ich mein Anliegen schildere, aber nach einem Telefongespräch des gut gebauten, aber nicht ganz so attraktiven Schotten mit kupferfarbenem Haar, kommt irgendwann ein zweiter Beamter und begleitet mich in den Keller des Gebäudes, wo auf einem kleinen Tisch schon eine Kiste auf mich wartet, auf der eine Reihe Zahlen, Isobels Todestag - der 27. September 1923 - und ihr Name steht.

Der sehr große und schlaksige Mann in Zivil hebt den Deckel und entfernt sich dann schweigend. Ich warte nicht, bis er außer Sicht ist, sondern stürze mich sofort auf die Kiste. Nicht nur aus Aufregung, sondern auch, weil ich nur noch dreißig Minuten habe, um den Hafen zu erreichen. Hätte ich nur nicht so viel Zeit im Archiv vertrödelt. Und jetzt knurrt auch noch mein Magen laut und das Geräusch hallt von den kargen Wänden um mich herum wider. Ich atme tief die muffig modrige Luft von altem Papier ein und nehme die Akte aus der Kiste. Gleich oben auf ist das Bild angebracht, das ich schon aus der Zeitung kenne. Dann stehen dort Daten, ihre Verletzungen, die sie erlitten hat und das Wort *Suizid*. Man hat die Akte fast sofort geschlossen. Hat sich nicht einmal die Zeit genommen, sie zu obduzieren. Da stehen nur die offensichtlichen Verletzungen: Schädelbruch, Oberschenkelbruch, gebrochene Rippen, Unterschenkelbruch, zahlreiche Schürfwunden und Prellungen.

»Warum steht da nicht mehr? Nur ein einziges Blatt mit krakeligen dahin geschmierten Stichpunkten?«, fluche ich leise. Natürlich wollte ich der damaligen Polizei keine schlampige Arbeit unterstellen, zumal ich nicht weiß, wie man damals gearbeitet hat bei der Polizei. Ich weiß ja nicht mal, wie man es heute tut. Aber das war doch ein bisschen wenig. Und es als Suizid abzutun und das so schnell, das wirft bei mir noch mehr Fragen auf. Ich lege die Akte zur Seite und schaue in die Kiste. Dort liegt noch das Kleid, das sie getragen hat. Es ist mit Dreck und Blut beschmiert, aber nicht zerrissen. Heißt das, dass sie nicht gegen einen Angreifer gekämpft hat?

Auf dem sonst leeren Boden liegt noch eine braune Papiertüte. Ich nehme sie heraus und öffne das Siegel, das sie verschlossen hält, noch bevor mir der Gedanke kommt, dass dieses Siegel mir wohl untersagt, diesen Umschlag zu öffnen. Aber da ist es schon geschehen. Ich sehe mich nach dem großen Beamten um, aber er ist nicht zu sehen, also öffne ich den Umschlag. Mir stockt der Atem. Es ist die Taschenuhr, die sie in der Hand gehalten hat auf dem schwarzweiß Foto. Ich lasse sie in meine Hand gleiten und hätte sie fast fallen lassen, als ich das getrocknete braune Blut auf dem goldenen Gehäuse entdecke. Auf der Uhr ist ein Wappen abgebildet, das einen kreisförmigen Gurt zeigt, in dessen Mitte ein gekrönter Löwe sitzt. Als ich auf den Knopf am Deckel drücke, springt dieser auf. Das Glas des Ziffernblattes ist gesprungen. Die Zeiger sind um 19:34

Uhr stehengeblieben. Isobels Todeszeitpunkt. Im Inneren des Deckels steht ein Spruch.

`S rioghal mo dhream
S.G.

Ich notiere mir den Spruch und die Initialen darunter in mein Notizbuch, dann sehe ich noch einmal die spärliche Akte durch, in der Hoffnung, dort irgendwo auf S.G. zu stoßen. Aber es gibt niemanden mit diesen Initialen. Zumindest habe ich etwas gefunden und das ist doch besser als gar nichts. Ich sehe auf meine Uhr. Noch fünfzehn Minuten. Ich muss los. Hastig werfe ich alles wieder in die Pappkiste und renne die Treppen nach oben, wo ich mich schnell von dem Beamten hinter der Anmeldung verabschiede, nachdem ich ihn gebeten habe, mir ein Taxi vor das Revier zu bestellen. Draußen ist es dunkler geworden, als es üblich ist für einen frühen Nachmittag. Dicke schwarze Wolken hängen am Himmel und ein heftiger Wind weht. Es nieselt leicht und ich frage mich, ob die Wolken vorhin auch schon so bedrohlich aussahen. Ich steige in das Taxi und nenne dem Fahrer mein Ziel, als er hört, dass ich die Fähre nach Fair erreichen muss, schüttelt er grinsend den Kopf.

»Sehen Sie diese Wolken? Die Fähre wird heute nicht mehr fahren.«

»Das glaube ich nicht«, sage ich mehr zu mir als zu ihm.

»Glauben Sie es ruhig«, sagt der Mittvierziger und wirft mir einen bedauernden Blick zu. »Da draußen braut sich ein Unwetter zusammen, das ist zu gefährlich für die kleine Fähre nach Fair.« Klein ist die Fähre wirklich, sie fasst nur etwa fünfzehn Personen.

»Aber was mach ich denn jetzt?«

Der Fahrer fährt weiter in Richtung Hafen. »Ich kann Sie nur zum Ayr Hotel bringen. Dort können Sie sich ein Zimmer nehmen und die Sache aussitzen.«

»Aussitzen?«, keuche ich entrüstet.

»Nun ja, solang wie es eben dauert. Das kommt hier schon mal vor, dass die Fähre ausfällt. Und das Charterflugzeug wird heute auch nicht mehr fliegen. Aber vielleicht morgen.«

Ich stöhne verzweifelt. Ich habe nicht damit gerechnet, dass ich über Nacht hierbleiben muss. Ich werde mich wohl Kieran McDougals Spot ausliefern und ihn anrufen müssen, um ihm zu sagen, dass er heute nicht mehr mit mir rechnen braucht. Wahrscheinlich wird er sich schütteln vor Lachen, weil ich mich auf einer Insel eingenistet habe und mir dann nicht einmal den Wetterbericht zu Gemüte führe, bevor ich herumreise.

Das Taxi hält vor einem unscheinbaren weiß verputzten Haus mit braunen Fenstern, das gerade mal über zwei Etagen verfügt. Auf der gegenüberliegenden Straßenseite liegt der Hafen. Das Wasser rollt in unruhigen wütenden Wellen gegen das Hafenbecken und schüttelt die kleinen Yachten, die vor Anker liegen durch. Der Wind zerrt an den Masten und lässt Seile und Halterungen gegen die Masten klingen. Ich steige aus dem Taxi, nehme meine Tasche und gehe in das kleine Hotel.

Unten kommt man direkt in eine Gaststube. Der Schanktresen ist gleichzeitig auch die Rezeption für die Hotelzimmer in der Etage darüber. Ich nehme mir ein Zimmer, doch bevor ich nach oben gehe, beschließe ich, meinem knurrenden Magen etwas Warmes zuzuführen, also bestelle ich Hackbraten mit Kartoffelbrei und Gemüse. Ein wenig habe ich deswegen ein schlechtes Gewissen, irgendwie habe ich das Gefühl, dass man in einem Hafenrestaurant auch ein Fischgericht essen sollte. Aber, sage ich mir, wenn das wirklich erwartet werden würde, dann gäbe es auch keinen Hackbraten. Ich sitze in einer kleinen Sitzecke am Fenster und starre in den Regen, während ich auf mein Essen warte. Durch den Duft, der aus der Küche kommt, knurrt mein Magen jetzt noch beharrlicher. Würde die Fähre nicht ausfallen, würde ich jetzt für die nächsten drei Stunden nichts zu essen bekommen. Aber da ich das Schaukeln nicht ertragen muss in den nächsten Stunden, werde ich jetzt zumindest eine warme Mahlzeit genießen können. Ich starre auf den Anleger, an dem die Fähre heute gehalten hat, als würde ich noch immer hoffen, dass das Standschild, dass man am Anlegeplatz angebracht hat, und auf dem steht: Heute keine Rückkehr nach Fair, verschwinden. Was es natürlich nicht tut.

Mein Essen kommt und die junge Frau in meinem Alter wünscht mir guten Appetit. Eine Schwingtür schwingt auf und ein lachender Mann kommt aus dem Nachbarraum. Er bestellt Kilkenny und einen Whisky. Ein weiterer Mann erscheint in der Tür, hält sie offen und bestellt auch ein Bier. Ich höre das

Klacken von Billardkugeln, die aufeinandertreffen. Ich habe früher hin und wieder gespielt. Das war, bevor ich mit Bill zusammen in eine Wohnung gezogen bin.

Ich war lange nicht mehr aus. Dabei bin ich erst siebenundzwanzig. Noch gar nicht alt genug, um zu Hause zu sitzen, Wäsche zu bügeln und mit dem Essen auf meinen Mann zu warten. Aber ich bin in den letzten Jahren in diese Rolle hineingewachsen. Bill war immer in seiner Praxis oder auf Tagungen und ich saß vor meinem PC und habe Romane geschrieben. Und wenn ich das nicht getan habe, dann habe ich all das gemacht, was Bill von mir mit Selbstverständlichkeit erwartet hat. Ich habe bisher nie darüber nachgedacht, dass ich zu einer Hausfrau geworden war. Erst das Klacken der Billardkugeln, das Erinnerungen an meine Studentenzeit in mir hervorgerufen hat, macht mir klar, dass ich mich selbst so sehr an Bill gebunden habe, dass es mich gar nicht mehr gab. Die Person, die ich war, ist in unserer Beziehung verschwunden. Hat sich aufgelöst und ist zu einer Person geworden, die nur für ihn da war. Warum fällt mir das erst jetzt auf? Auf einmal fühlt es sich an, als könnte ich freier atmen, obwohl ich vorher nie bemerkt habe, dass ich eine Gefangene meiner Beziehung zu Bill war. Eine Beziehung, die so lange gedauert hat, dass wir wohl beide nicht bemerkt haben, dass wir aufgehört haben, zu existieren. Wenn es ihm genauso ging wie mir, dann ist es vielleicht gut, dass er aus diesem Alltagstrott aufgewacht ist, bevor es für uns beide zu spät wäre.

Mein Magen füllt sich mit dem leckeren warmen Essen und für einen Augenblick fühle ich nur diese Stille und Zufriedenheit. Und einen Augenblick später reißt mich eine dunkle Stimme aus diesem Zustand. Erschrocken hüpfe ich ein paar Zentimeter in die Luft.

»Was machen Sie denn hier?«

»Freundlich wie immer«, sagt er und lässt seine geraden weißen Zähne aufblitzen. Er trägt heute wieder Jeans und langärmeliges Shirt. Ich kann mich kaum entscheiden, was ihm besser steht. Anzüge oder Jeans und Shirt. Aber in beidem wirkt er groß und breitschultrig. Und arrogant. Und so sexy, dass es schon wieder verboten sein sollte. »Ich dachte, ich finde Sie wohl in einem der Hotels am Hafen.«

»Woher wussten Sie ... ?«

»Ich sehe mir den Wetterbericht an.« Er setzt sich grinsend mir gegenüber, nimmt mir meine Gabel aus der Hand und klaut sich von meinem Braten. Er schiebt sich meine Gabel in den Mund, kaut genüsslich und seufzt dabei. »Das Essen hier war schon immer gut.«

Wütend beuge ich mich über den Tisch, entreiße ihm meine Gabel und setze mich wieder. »Dann ist es ja gut, dass wir jetzt beide hier festsitzen, weil Sie den Wetterbericht nicht richtig gedeutet haben. Bestellen Sie sich doch etwas zu essen.«

»Ich hab schon gegessen, während ich auf Ihr Auftauchen gewartet habe, danke.«

»Sie haben auf mich gewartet? Wozu?«

Er sieht aus dem Fenster und zeigt auf den schwarzen Himmel. »Tut nichts zur Sache.«

»Wissen Sie, dass ich kryptische Männer hasse?«, werfe ich ihm an den Kopf, weil seine knappen unverständlichen Antworten mich in Rage bringen. Er zwinkert mir zu und ein heißer Blitz zuckt durch meinen Körper und lässt mich innerlich erschaudern.

»Nein, wusste ich nicht. Haben Sie denn wenigstens etwas herausgefunden?«

»Wollen Sie wissen, ob ich umsonst hier war, damit Sie sich noch mehr über mich amüsieren können? So wie ich das sehe, sitzen Sie im selben Schlamassel wie ich.«

Er zuckt nur lässig mit den Schultern, dabei funkeln mich seine Augen belustigt an. Wenn er lacht, gräbt sich eine tiefe Falte in seine rechte Wange. Er hat sich heute Morgen nicht rasiert. Bill ist blond und einen wirklichen Bart hat er nicht. Irgendwie wächst ihm kein richtiger Bart. Aber Kieran hat auf seinen Wangen einen deutlichen Bartschatten und ich komm nicht umhin, mir vorzustellen, wie es sich anfühlen würde, über diese Stoppeln zu streichen. »Nein, ich bin ehrlich interessiert.«

»Wären Sie ehrlich interessiert, hätten Sie mich gestern nicht allein auf dem Dachboden arbeiten lassen.«

»Da haben Sie wohl recht. Gestern war ich zu erschöpft, um interessiert zu sein. Heute bin ich interessiert.«

Ich rolle mit den Augen. »Was hat Sie denn erschöpft? Ihrer Haushälterin beim Putzen zuzusehen?«

»Nein, selbst zu putzen hat mich erschöpft. Ich musste ihren Schlamm aus meinem Eingangsbereich putzen.«

»Dann hat ihre Haushälterin gekündigt?«, hake ich scheinheilig nach. »Ist sie vor Ihnen oder Isobel geflüchtet. Ich schätze vor Ihnen.«

»Weder noch. Also, haben Sie nun etwas gefunden?«

Ich hole meinen Notizblock aus meiner Tasche und lese vor, was in der Taschenuhr stand. Kieran runzelt die Stirn und nimmt mir den Block aus der Hand, dann fängt er an zu lachen. Als er sich beruhigt hat, liest er die Worte noch einmal, aber wohl so, wie sie wirklich ausgesprochen werden sollten, volltonig mit rollendem R, so verändert, dass ich sie kaum wiedererkenne. »Das ist der Clanslogan der McGregors. *Königlich ist meine Rasse*. Wo haben Sie das denn gefunden?«

»Das war in die Taschenuhr eingraviert, die Isobel in der Hand hielt, als sie gestürzt ist«, sage ich ärgerlich, weil er sich über meine nicht vorhandenen Gälisch-Kenntnisse lustig gemacht hat.

»Sie haben die Uhr gefunden?«

Ich straffe etwas die Schultern, weil er mich so erstaunt ansieht, dass ich einfach Stolz verspüren muss. »Im Archiv der örtlichen Polizei. Ich nehme an, dann haben die McGregors einen Löwen in ihrem Wappen?«

»Ja, haben sie. Ich frage mich nur, wie eine McDougal an eine Uhr der McGregors gekommen ist?«

»Das will ich herausfinden. Leider gab es nicht mehr im Archiv. Die gesamte Akte war ziemlich spärlich. Ich bekomme das dumpfe Gefühl nicht los, dass hier mit Absicht schlampig gearbeitet wurde.«

Kieran kneift seine Augen zusammen. »Sind Sie fertig mit Essen?«

»Ja, warum? Ist ihnen noch eine Idee gekommen?«

»Ja, wir werden eine Runde Billard spielen.«

»Oh. Ich kann Sie zwar nicht leiden, aber ich habe ewig nicht mehr gespielt«, sage ich begeistert. Was hätten wir auch sonst tun sollen? Draußen gießt es mittlerweile in Strömen, eine Erkundungstour durch den Ort ist also auch ausgeschlossen.

Wir gehen in den Raum, aus dem vorhin auch die Männer gekommen sind. Hier stehen drei Billardtische, die ich durch den Zigarettendunst hindurch nur erahnen kann. Ich rümpfe angewidert die Nase und hoffe, dass es in meinem Zimmer eine Dusche gibt, damit ich mir den Gestank wieder aus den Haaren waschen kann. So weit weg von jeglicher Zivilisation hält man sich wohl nicht an Gesetze. Für den Rest Britanniens gilt ein Rauchverbot in öffentlichen Gebäuden, hier scheint das nicht der Fall zu sein. Aber davon möchte ich mir den Spaß nicht verderben lassen. Ich folge Kieran zum letzten Tisch in dem recht beengten Raum. Wir stellen unsere Getränke auf einen kleinen Bistrotisch. Kieran reicht mir lächelnd einen Queue. Er beugt sich zu mir herunter. Seine Wange streift meine und jagt ein Kribbeln durch meinen Körper.

»Dann wollen wir mal sehen, was du so drauf hast«, flüstert er in mein Ohr. Dabei streichen seine Lippen über mein Ohr und ich erschauere. Er richtet sich wieder auf und grinst auf eine Art, die ich nur als sehr sexy, aber herausfordernd bezeichnen kann.

»Lass uns das Spiel etwas interessanter gestalten. Für jede Kugel, die du versenkst, beantworte ich eine Frage. Für jede, die ich versenke, beantwortest du eine.«

Wann waren wir zum Du gewechselt? Aber ich will mich nicht beklagen, unter Billardkumpels siezt man sich wohl nicht. »Einverstanden«, sage ich mit fester Stimme, dabei bezweifle ich, dass ich eine Chance habe. Früher habe ich mal ganz gut gespielt, aber nach zehn Jahren zurückgezogenem Leben, kann ich wohl kaum erwarten, dass ich noch gut bin. Ich habe gern gespielt, damals. Habe ich es vermisst zu spielen? Manchmal. Aber ich war mir auch immer sehr sicher, dass man in einer Beziehung nun mal viel aufgibt. Seit wir mit der Hochzeitsplanung begonnen haben, sind mir auch häufiger Zweifel gekommen, ob es nötig war, sich vollkommen aufzugeben. Und in den letzten Wochen habe ich mir immer häufiger Gedanken darüber gemacht, ob unsere Entscheidung zu heiraten richtig war. Waren diese Zweifel schon ein Zeichen gewesen?

»Dann noch eine letzte Regel.« Kieran lässt wieder seine Zähne aufblitzen und streicht sich durch das kurze schwarze Haar. »Wenn du gewinnst, darfst du dir etwas von mir wünschen. Wenn ich gewinne, bekomme ich etwas von dir.«

Ich setze ein lockeres Lächeln auf und klimpere gespielt aufreizend mit den Wimpern. Ich trete sogar einen Schritt näher an Kieran heran und lege eine Hand auf seinen starken Unterarm.

»Und was, wenn ich mir Sumburgh Castle von dir wünsche?«

Sein Gesicht kommt meinem näher. »Dann bekommst du es. Aber dazu musst du mich erstmal besiegen.« Ich sehe ihn erstaunt an. Er würde mir seine Burg geben? Wahrscheinlich geht er nur davon aus, dass ich keine Chance gegen ihn habe. Natürlich würde ich ihm niemals sein Zuhause nehmen. Aber, dass er es mir geben würde, überrascht mich.

»Gefällt dir die Burg nicht?«

»Doch, ich liebe sie. Ich habe immer davon geträumt, eines Tages mit meiner Frau und mit meinen Kindern dort zu leben. Aber ich hab auf die falsche Frau gesetzt. Besser noch, ich hab auf den falschen Typ Frau gesetzt.« Er sieht mich an und wirkt dabei nachdenklich. Seine Augen gleiten über mein Gesicht, dann schüttelt er lächelnd den Kopf.

»Du willst immer noch heiraten?«, frage ich, weil das so in seinen Worten mitschwang.

»Ja, ich wollte immer eine Familie. Und ich glaube an die Liebe.«

»Den Eindruck hatte ich nicht, als ich angekommen bin.« Ich sehe herausfordernd zu ihm auf und ziehe die Augenbrauen hoch.

»Das liegt daran, dass ich an diesem Tag ein ziemlich lästiges Telefongespräch mit meiner Exfrau hatte. Da kommt es bei einem Mann schon mal vor, dass er nicht ganz so gut auf Frauen zu sprechen ist.«

Ich schnaube abfällig. »Ich denke eher, dass du für gewöhnlich nie gut auf Frauen zu sprechen bist, Mr Neandertaler.« Ich nehme die Kreide und reibe sie über die Spitze meines Queues. Am Tisch nebenan spielen drei junge Männer. Einer von ihnen sieht immer wieder zu mir rüber. Jetzt zwinkert er mir zu.

Ich lächle höflich zurück. Kieran stöhnt neben mir. »Was? Ich bin eine freundliche Person, also lächle ich zurück, wenn man nett zu mir ist. Und außerdem bin ich seit Kurzem Single. Und mit mir hat schon längere Zeit niemand mehr geflirtet. Ich komme von Berufs wegen nicht viel aus dem Haus.«

»Stehen die Regeln jetzt?«, will Kieran ungehalten wissen. Er beugt sich zu mir runter, dann verschwindet der grimmige Ausdruck auf seinem Gesicht und wird durch dieses Bad Boy-Grinsen ersetzt, das dafür sorgt, das mein Unterleib sich zusammenzieht und mein Mund ganz trocken wird. »Das mit dem Flirten ist wirklich schade. Mit Frauen wie dir sollte man täglich flirten, um ihnen zu zeigen, wie toll sie sind.«

Ich blinzle nervös und weiche seinem Blick aus. »Eine Sache noch. Was bekommst du denn von mir, wenn du gewinnst?«

Er zwinkert mir provokativ zu, wahrscheinlich eine Anspielung auf den kleinen Flirt mit dem jungen Mann. Ich seufze laut. »Das verrate ich dir, wenn ich gewonnen habe.«

Okay, denke ich. Was soll er schon großartig von mir wollen? Ich hab nicht allzu viel mitgebracht aus London. »Na dann wollen wir mal.« Ich lehne mich mit dem Queue in der Hand über den Billardtisch und warte darauf, dass Kieran den dreieckigen Rahmen um die Kugeln herum entfernt. Als er nicht reagiert, sehe ich mich nach ihm um. Er steht hinter mir, zusammen mit den drei Jungs vom Nachbartisch, und alle begutachten meinen Hintern. Schockiert stoße ich einen leisen Schrei aus und richte mich auf. »Was zur Hölle soll das?«

»Wir haben deinen Hintern bewertet. Das ist Tradition hier. Jede Frau muss sich dieser Prozedur unterziehen, wenn sie hier Billard spielt«, sagt Kieran breit grinsend. Unsicher sehe ich in die feixenden Gesichter der anderen Männer, die alle gut fünf Jahre jünger als ich sind.

»Ist das wahr?«

»Keine Ahnung«, sagt der hellblonde Kerl, der mir vorhin zugezwinkert hat. »Wir sind nur Touristen.«

»Ach so«, sage ich gedehnt und sehe Kieran vorwurfsvoll an. »Also, wie ist mein Hintern bewertet worden?«, will ich wissen.

»Wir beraten noch«, sagt er.

»Wie viele Punkte darf jeder vergeben?«, hake in ungeduldig nach und tippe mit einem Fuß nervös auf den Parkettboden. Ich möchte das Ganze hinter mich bekommen. Ich mag es nämlich gar nicht, wenn irgendetwas von mir im Mittelpunkt des Interesses steht. Und mein etwas zu runder Hintern schon gleich gar nicht.

»Zehn«, meint einer der Männer.

»Sind das deine Punkte für meinen Arsch oder ist das die Höchstpunktzahl?«

»Die Höchstpunktzahl.«

»Okay, dann bitte. Bewertet meinen Hintern.« Ich lehne mich mit verschränkten Armen gegen den Tisch und sehe abwartend zwischen den Männern hin und her.

Kieran hebt seine Hand wie in der Schule. »Kann ich nochmal einen Blick darauf werfen? Ich hab meine Liste im Kopf noch nicht ganz durch gehabt.«

Ich ziehe eine Augenbraue hoch. »Du hast eine Liste, um Ärsche zu bewerten?«

Er zuckt unschuldig mit den Schultern. »Für Größe, Form, Festigkeit ...«

»Festigkeit?«, falle ich ihm dazwischen? »Wann hast du die Festigkeit meines Hinterns überprüft? Und denk nicht mal dran.«

»Dann muss ich dir leider Punkte abziehen, da ich die Festigkeit ja nicht beurteilen kann. Aber du bekommst Pluspunkte für diese wirklich enge und sehr sexy Jeans.«

»Danke«, sage ich und strenge mich an, selbstsicher zu klingen. Mein Hintern ist wirklich ein Schwachpunkt. »Wenn ihr dann fertig werden würdet, damit wir endlich spielen können.«

»Also von uns bekommst du jeweils zehn Punkte«, sagt Blondie schmunzelnd. »So einen Hintern sieht man heutzutage nicht mehr oft.«

»Danke. Und von dir?«, wende ich mich an Kieran und tue so, als würde es mich gar nicht interessieren, was er über meinen Hintern denkt. Komischerweise interessiert es mich aber *gerade* von ihm.

Kieran kaut auf seiner Unterlippe herum und wiegt den Kopf hin und her. »Nun ja, da ich ja die Festigkeit nicht überprüfen darf, muss ich gerechterweise Punkte abziehen. Für die Jeans kommt wieder etwas drauf. Einigen wir uns auf acht Punkte.«

»Okay«, sage ich ungerührt und wende mich dem Tisch zu. »Dann haben wir das geklärt und können jetzt loslegen. Ach Jungs«, füge ich noch an. »Ihr hättet ruhig ehrlich sein können. Ich hätte euch nichts getan.«

Kieran lacht laut auf. »Glaubt ihr kein Wort. Wenn euch eine Frau fragt, ob ihr sie zu dick findet, gibt es keine richtige Antwort. Sagt ihr Nein, wird sie euch vorwerfen, dass ihr ihr zuliebe lügt. Sagt ihr ja, wird sie euch anschreien und verlangen, dass ihr das nächste Mal besser lügen solltet. Merkt euch das.«

Ich werfe Kieran einen entrüsteten Blick zu und räuspere mich. Er nimmt den Rahmen weg und ich nutze so viel Kraft, wie ich aufbringen kann, um die Spitze des Queue gegen die weiße Kugel zu stoßen. Sie trifft das Kugeldreieck nicht direkt an der Spitze, sondern seitlich und wirbelt die Formation kräftig auf. Die blaue Zwei rollt auf das rechte Eckloch zu und fällt mit letzter Kraft rein.

»Das ist dann wohl meine erste Frage. Wie lange bist du schon geschieden?«

Er nimmt seinen Queue und kommt um den Billardtisch herum auf meine Seite. »Ziemlich genau ein Jahr.«

Er lässt sich Zeit damit, auf die weiße Kugel zu zielen, dann stößt er zu und die gelbe Neun landet in einem Mittelloch, die weiße Kugel rollt kraftvoll weiter und räumt auch noch die rote Fünfzehn ab. »Dann habe ich wohl zwei Fragen«, sagt er breit grinsend und bleibt neben mir stehen. »Wie lange bist du mit deinem Verlobten zusammen gewesen?«

»Fast zehn Jahre«, antworte ich knapp. Waren das zehn verschenkte Jahre? Es war zwischen uns nie so wie in Liebesromanen gewesen. Aber ich habe immer geglaubt, dass es so große Gefühle auch gar nicht gibt.

»Und woher wusstest du, dass du ihn heiraten willst?«

Ich zucke bei der Frage zusammen. Weil ich die Antwort selbst nicht wirklich kenne. »Ich weiß es nicht. Vielleicht war es an der Zeit?«

Er nickt und wirkt dabei zufrieden. Was geht ihm nur durch den Kopf? Mein nächster Stoß geht ins Leere, aber ich habe mir ohnehin noch keine Frage überlegt. Mein Kopf ist zu sehr mit seiner Reaktion auf meine Antwort beschäftigt.

Kieran versenkt die grüne vierzehn. »Du wolltest also mehr aus einem Pflichtgefühl heraus heiraten. Ich habe auch nicht den Eindruck, dass das Ende eurer Beziehung dich sonderlich mitnimmt. Es war ein Vernunftentschluss«, analysiert er meine Beziehung zu Bill. Und ich bin erschrocken darüber, wie richtig er liegt. Mir war es bis jetzt nicht bewusst gewesen, aber es aus Kierans Mund laut zu hören, ist wohl das Zeichen, das ich brauchte, um endlich zu begreifen, dass ich Bill nicht mehr liebe. Habe ich ihn überhaupt jemals geliebt? Gerade wird mir bewusst, dass unsere Beziehung sich vielmehr ergeben hat, als dass sie auf körperlicher Anziehung beruhte. Aber was wusste ich mit siebzehn auch schon von Anziehung?

»War das deine Frage?«, wende ich mich mit Kloß im Hals an Kieran. Er schüttelt den Kopf.

»Wie denkst du jetzt über die Ehe?«

»Darüber habe ich noch nicht nachgedacht. Aber ich bin mir ziemlich sicher, dass eine Heirat in nächster Zeit für mich nicht infrage kommt.«

»Wenn du nicht gerade ein Neandertaler bist oder ein Computernerd, was machst du dann?«, frage ich, nachdem ich eine weitere Kugel eingelocht habe.

»Ich boxe, das ist mein Ausgleich zum Herumsitzen hinter Schreibtischen.«

»Oh«, mache ich erstaunt und mustere ein weiteres Mal Kierans Körper.

Kieran locht eine Kugel ein. »Wolltest du schon immer Autorin werden?«

»Ich glaube, ja. Irgendwann wollte ich auch mal Prinzessin, Tierärztin oder Krankenschwester werden, aber das war vorbei, als ich die Grundschule hinter mir gelassen habe.«

Kieran gewinnt das Spiel. Er nimmt mir strahlend den Queue aus der Hand und stellt ihn zu den anderen. Er wirkt sehr zufrieden mit sich und ich bin gespannt, was er von mir einfordern wird. Nervös warte ich, bis er zurückkommt. Doch er lässt sich Zeit und trinkt in Ruhe erst sein Bier aus.

»Also?«, dränge ich ihn.

Er räuspert sich und baut sich vor mir auf. »Was ich einfordere von dir, ist, diese Nacht mit dir in deinem Bett.«

Ich schlucke heftig. Hitze steigt in meine Wangen und ich weiche einen Schritt zurück. Ich habe mit allem gerechnet, aber nicht damit. Er kann doch wohl nicht ernsthaft annehmen, ich werde mit ihm schlafen? Wir kennen uns doch nicht einmal. Hat er das die ganze Zeit schon geplant gehabt? Deswegen die Fragen nach meiner Beziehung zu Bill?

»Ich ...«, stammle ich. »Ich denke nicht, dass ich dazu bereit bin. Versteh mich nicht falsch. Du bist ein attraktiver Mann und so. Aber das kann ich nicht.« Nicht, dass ich es nicht will. Ich würde schon wollen. Es interessiert mich sogar sehr, wie es sich mit einem anderen Mann als Bill anfühlen würde. Ich habe noch nie mit einem anderen Mann geschlafen. Da war immer nur Bill. Ich habe keine Vergleichsmöglichkeiten. Manchmal habe ich mich nicht ganz ausgefüllt gefühlt mit Bill. Nicht, dass er klein war. Zumindest nach dem, was ich beurteilen kann, war er normal gebaut dort unten. Aber der Sex war nicht immer erfüllend für mich. Nicht so, wie es in Romanen beschrieben steht. Es war monoton zwischen uns. Also, ja. Mich würde es reizen, herauszufinden, ob es da noch mehr gibt. Aber ich habe auch Angst davor, etwas so Intimes mit einem anderen Mann zu teilen. Plötzlich fühle ich mich vollkommen unerfahren in sexueller Hinsicht. So, als wäre ich noch Jungfrau. Mein Herz klopft bei der Vorstellung, mit Kieran zu schlafen ängstlich, aber unter dieser Furcht spüre ich auch Aufregung und Abenteuerlust. »Das ist wohl keine gute Idee.«

Kieran wirft lachend seinen Kopf in den Nacken. »So war das nicht gemeint. Es gibt kein Zimmer mehr im Hotel und irgendwo muss ich ja schlafen.«

»Was?«, entfährt es mir. »Aber es gibt die Straße runter noch eine Menge Hotels.« Bin ich etwa enttäuscht, weil er mich nicht will? Was hat dieser dumpfe Schmerz in meiner Brust zu bedeuten?

»Das schon, aber wenn du morgen zurück nach Fair willst, solltest du mich in deiner Nähe behalten.«

Ich runzle unverständlich die Stirn.

»Ich hab ein Flugzeug auf dem Flughafen stehen.«

»Du hast was?!«

»Ein Flugzeug. Was glaubst du denn, wie ich hier her gekommen bin, wenn nicht mit der Fähre.«

Ich keuche wütend auf und stoße Kieran gegen die Brust, der nur noch lauter lacht. »Ich hätte nicht drei Stunden mit dieser Magenschleuder hier rüber schippern müssen?«

»Hättest du nicht.«

Wütend lasse ich ihn stehen und gehe einfach. Leider hat der Mann zwei gesunde Beine und folgt mir. Ich kann gar nicht beschreiben, wie zornig ich gerade bin. Das ist jetzt schon das zweite Mal, dass Kieran McDougal mich so behandelt hat. Er wusste, dass ich heute hier in Kirkwall recherchieren wollte und hat mir verschwiegen, dass er mich viel schneller hätte herbringen können. Und auch die Anreise mit der Fähre hätte er mir ersparen können. Heftig stapfe ich die schmale Holztreppe nach oben, die zu den Zimmern führt.

Wenn er wirklich glaubt, er könne in meinem Zimmer übernachten, dann irrt er sich aber. Ich suche meine Zimmernummer, als ich sie endlich gefunden habe und den Schlüssel in das Schloss stecke, hat er mich schon eingeholt. Breit grinsend steht er neben mir, die Hände in den Taschen vergraben. Und er sieht höllisch gut aus, so wie er mich selbstzufrieden angrinst. Ich blinzle, rufe mich selbst zur Vernunft, dann stoße ich die Tür auf, schlüpfe so schnell ich kann in mein Zimmer und drücke die Tür wieder zu. Leider ist sein Fuß schneller als ich. Er drückt die Tür wieder auf und schüttelt mahnend den Kopf.

»Spielschulden sind Ehrenschulden. Hast du bestimmt schon gehört.«

Ich will *Nein* sagen, aber natürlich habe ich das schon gehört. Und es jetzt von ihm zu hören, versetzt mir einen schuldbewussten Stich. Dabei interessieren mich Ehrenschulden überhaupt nicht. Was bitte ist das überhaupt? Aber eine leise Stimme flüstert mir zu, dass er mir auch Unterkunft bietet. Und ich bin ein ehrlicher und loyaler Mensch und hasse Unrecht über alles. Und ihn vor der Tür stehen zu lassen, ist alles andere als richtig. Seufzend gebe ich nach und trete zur Seite, damit er reinkommen kann.

»Aber du schläfst nicht mit mir in einem Bett.« Ich krache die Tür mit Schwung zu und sehe mich in dem Zimmer um. Es gibt nur ein Bett und das ist kein Doppelbett, einen Stuhl und einen kleinen Tisch. An der Wand hängt ein kleiner Fernseher und es gibt einen schmalen Schrank.

Kieran wirft sich auf das Bett und verschränkt die Arme hinter dem Kopf. »Dann schlafe ich hier wohl allein und du nimmst den Boden.«

Zähneknirschend baue ich mich über ihm auf und stemme die Hände in die Hüften. »Das ist mein Zimmer, ich schlafe im Bett.«

»Dann werden wir zu zweit im Bett schlafen. Denn wenn ich auf dem Fußboden schlafen muss, wird morgen auch kein Platz für dich in meiner Cessna sein. Mit einem steifen Nacken fliegt es sich nicht gut.«

Verzweifelt mustere ich das schmale Bett. Ich kann doch nicht mit ihm in einem Bett liegen! Aber auf den Boden habe ich auch keine Lust. Leider ist das Bett aber so schmal, dass wir schon kuscheln müssten, um nicht herauszufallen. Mein Magen zieht sich flatternd zusammen und mein Mund wird ganz trocken. Schon allein bei der Vorstellung, wie sich sein Körper an meinem anfühlt, schießt Hitze durch mich hindurch. Wenn dieser Kerl nicht so verdammt attraktiv und anziehend wäre, würde es mir viel leichter fallen, ihn zu ignorieren. »Wehe du berührst mich auch nur mit dem kleinen Finger.«

»Ich habe vor, dich mit ganz vielen Körperteilen zu berühren«, sagt er mit düsterem Blick. Ich kann richtig fühlen, wie seine Augen meine Kleidung verbrennen, während er meinen Körper mustert. Ein knisterndes Feuerwerk wütet durch mich hindurch und entzündet ein Feuer in meinen tieferen Regionen. Verdammt! Ich hasse meinen Körper.

»Fass mich an und ich hacke dir deine Hände ab.« Ich wende mich ab und gehe in das winzige Badezimmer. Hier gibt es nicht viel, eine kleine Dusche, Wachbecken und WC in hellblauen Fliesen aus den Siebzigern. Ich rümpfe die Nase und lehne mich von innen stöhnend gegen die Tür. Fünf Minuten die Augen schließen und diesen nervigen Mann aussperren. Fünf Minuten, um diese Hitze in meinem Körper niederzuringen. Wie soll ich diese Nacht überstehen? Ich habe noch nie mit einem Mann in einem Bett gelegen, außer Bill. Und jetzt soll ich neben einem Fremden schlafen. Warum jagt die Vorstellung mir prickelnde Schauer durch den Körper und treibt mir Schweiß aus sämtlichen Poren? Rast mein Herz etwa?

Von außen wird gegen die Tür gehämmert. »Kommst du da auch wieder raus?«

»Nein, ich dusche.«

»Ich hör kein Wasser laufen.«

»Ich dusche trocken.« Frustriert löse ich mich von der Tür und verlasse das Bad. Dazu muss ich mich an Kieran vorbeischieben, der mit seinem Körper den Weg blockiert.

Er geht in das Bad und ich sehe mich verzweifelt nach einem Morgenmantel um, aber es gibt nichts, das ich diese Nacht tragen kann. Und das Shirt, das ich heute Morgen angezogen habe, reicht gerade mal bis zu meiner Taille. Wenigstens Duschen könnte ich noch. Im Bad habe ich ein Fläschchen mit Shampoo und ein Handtuch gesehen. Ich bleibe stehen und warte, dass Kieran das Bad wieder verlässt und sacke innerlich zusammen, als die Dusche aufgedreht wird. So viel zum kleinen Probenfläschchen und dem einzigen Handtuch. Ich beiße heftig die Zähne aufeinander und atme mehrmals tief durch. »Dann also nicht duschen, aber ausziehen und schnell unter der Decke verschwinden.« Ich springe hastig aus meiner Jeans, schlüpfe umständlich, ohne mein Shirt ausziehen zu müssen, aus dem BH und krieche schnell in das Bett, das ich in dieser Nacht mit einem Mann teilen werde, den ich kaum kenne. Den mein Körper aber nur zu gerne genauer kennenlernen würde. Was ist mit mir los, dass mich plötzlich Männer antörnen, denen Freundlichkeit ein Fremdwort ist?

Ich drehe mich auf die Seite und schließe die Augen. Ich lasse sie auch geschlossen, als Kieran aus dem Bad kommt. Als es neben mir raschelt, riskiere ich einen kurzen Blick. Kieran steht mit dem Rücken zu mir. Nur in engen Boxershorts. Er legt seine Kleidung fein säuberlich zusammen, dabei bewegen sich die Muskeln unter seiner Haut. Ich sauge den Anblick seines runden Hinterns auf, die langen, wohlgeformten Oberschenkel. Hastig schließe ich die Augen, als er sich umwendet. Ich versuche, ruhig und gleichmäßig zu atmen, aber mein Herz klopft wie wild vor Aufregung. Ich höre ihn um das Bett herumlaufen, dann senkt sich die Matratze, die Bettdecke wird angehoben, noch höher. Dann gibt er einen zufriedenen Laut von sich.

»Ich muss mich korrigieren, dieser Hintern ist mindestens eine Fünfzehn.« Ich presse die Lider noch fester aufeinander. Mein Atem geht längst nicht mehr ruhig. Mein Körper beginnt zu zittern, als Kieran sich an mich heran schiebt. »Ich weiß, dass du nicht schläfst«, flüstert er mir rau ins Ohr. Seine Wange kitzelt an meiner und ich fange noch stärker an zu zittern, als er seinen Arm über meine Taille legt.

»Was tust du?«, bringe ich keuchend raus.

»Dafür sorgen, dass du in der Nacht nicht aus dem Bett rollst.« Er riecht frisch und nach fruchtig süßem Shampoo und darunter schwebt noch immer eine herb männliche Note. Ich muss mich anstrengen, dass er die Schauer, die meinen Körper durchlaufen, nicht mitbekommt und atme nur vorsichtig ein und aus.

»Und dazu musst du mich an deinen Körper ziehen?« Es kostet mich Kraft, das unwirsch klingen zu lassen, während jeder Zentimeter meiner Haut, die von seiner berührt wird, Feuer fängt. Ich habe aufgehört zu atmen, wage nicht, Luft zu holen. Jeder Muskel in mir verkrampft.

»Ich könnte dich auch auf meinen Körper ziehen, aber das wäre dir wohl noch unangenehmer.«

»Nicht unangenehmer als deine Erektion an meinem Hintern«, zische ich und versuche, von ihm weg zu robben. Meine inneren Muskeln ziehen sich erwartungsfreudig zusammen. Ich möchte sie dafür in der Luft zerreißen. Wie können sie so verräterisch sein?

»Nun stell dich nicht so an. Ich tue dir nichts«, brummt er ungehalten hinter mir. Stöhnend lässt er mich los und legt sich auf den Rücken, dadurch schiebt er mich noch näher an den Rand des Bettes und ich verliere rudernd das Gleichgewicht. Er packt mich, bevor ich rausfallen kann und zieht mich zurück. »Das wollte ich vermeiden. So ein schmales Bett teilt man sich nun mal am besten in der Löffelchenstellung.«

Ich drehe mich zu ihm um und stütze meinen Kopf auf meine Hand. »Ich habe kein Problem mit der Löffelchenstellung, aber deinen Schwanz an meinem Hintern, entschuldige bitte, das ist mir etwas zu intim. Wir kennen uns noch nicht mal, da soll mein Arsch schon deinem kleinen Freund die Hand schütteln?« Ich muss so grob zu ihm sein, damit er nicht merkt, wie sehr ich auf seine Nähe anspringe. Und ich muss mir selbst auch einreden können, dass ich das nicht tue.

»Dann bleib eben so liegen und leg deinen Arm um meinen Körper.«

»Oder ich stehe auf und verzichte heute Nacht auf Schlaf«, gifte ich ihn an, während meine Augen seine nackte Brust verschlingen. Ich bin so eine schlechte Lügnerin.

»Wir könnten uns ja näher kennenlernen«, sagt er jetzt leise, greift sich meinen Arm und legt ihn sich selbst über die Brust. Ich will ihn wieder wegnehmen, doch er hält mich lachend fest. »Also, was willst du von mir wissen?«

Erstaunt sehe ich ihn an. Sein Vorschlag gefällt mir. Ich überlege, was mir nicht leicht fällt, weil sein Körper meinem so nah ist und mich diese Nähe verwirrt, meine Handflächen feucht werden und meinen Magen flattern lässt. »Wie kann man so arrogant werden wie du es bist?«

Er sieht grinsend zu mir auf. »Du denkst, ich bin arrogant? Vielleicht bin ich nur sehr selbstbewusst?«

»Das bist du wohl außerdem.«

»Muss man nicht auch selbstbewusst sein, wenn man Bücher veröffentlicht? Ich stelle mir das schwer vor, bestimmt verrät ein Autor in seinen Büchern auch immer eine Menge über sich selbst.«

»Wenn das so wäre, würden Männer in meinen Büchern nicht gut wegkommen. Warum hast du dich entschieden, auf Fair zu leben?«

»Ich hatte den Medienrummel satt. Ich hab keine Lust mehr, mein Privatleben mit fremden Menschen teilen zu müssen.«

»Wie bist du dazu gekommen, eine Seite zu gründen, auf der man sich austauschen kann? Und mit Verlaub, diese Seite lebt davon, dass fremde Menschen ihr Privatleben miteinander teilen.«

Er zuckt mit den Schultern und sieht mich einen Augenblick lang an. Seine Finger greifen nach einer Strähne meiner Haare und spielen damit. Ich unterdrücke das wohlige Schaudern, das diese zärtliche Geste in mir auslöst. »Ich war damals zwanzig und mein Freund und ich hatten diese Idee von einer Community für Leute aus Glasgow. Wo man sich unterhalten kann, austauschen, verabreden. Am Anfang waren wir die einzigen Nutzer, dann kamen Studenten aus unseren Kursen dazu und ab da wurden es täglich mehr Nutzer. Wir haben die Seite immer weiter ausgebaut. Und irgendwann haben wir von der Seite leben können.«

»Ist es dir schwer gefallen, all das aufzugeben?«

Kieran spielt noch immer mit meiner Haarsträhne. Mittlerweile hat seine andere Hand meinen Arm freigegeben, aber ich lasse ihn einfach liegen. Mein Zeigefinger hat von ganz allein angefangen, die Linien seines verwundenen Tattoos nachzufahren. Er lächelt mich wissend an, als ihm das im gleichen Moment auffällt wie mir. Mein Gesicht wird heiß und ich will meine Hand von seiner gut definierten Brust nehmen, aber er schüttelt den Kopf.

»Mach weiter, das fühlt sich gut an.« Mein Herz beginnt zu rasen, aber ich lasse meinen Finger wieder über seine Brust wandern. Spüre den verzweigten Pfaden nach und fühle seine glatte, warme Haut. Und seinen Herzschlag, der so schnell rast wie meiner. Wieso zieht dieser Mann mich so sehr an? Er lässt mich Dinge tun, die nicht typisch für mich sind. Noch vor wenigen Tagen wäre ich nie auf den Gedanken gekommen, auf der Brust eines Highlanders herumzumalen und ihn dabei sehnsüchtig anzusabbern.

»Ich hab es gerne aufgegeben. Je größer wir wurden, desto weniger war die Seite meine Idee. Es war nicht mehr das, was ich ursprünglich wollte, aber Nico war wie besessen davon. Von dem Ruhm, den Frauen, dem ganzen Tumult um uns. Alexandra auch. Für sie ging es nur noch um Rampenlicht, Klamotten, Aussehen, Jet Set.«

»Hast du sie schon vorher gekannt, also, bevor du erfolgreich geworden bist?«

»Nein. Ich hab sie auf einer von Nicos Partys kennengelernt. Sie wusste natürlich wer ich bin. Sie hat mich nur wegen dem, was ich darstellte, geheiratet. Damals hab ich das nicht bemerkt. Ich hab gedacht, sie hat echte Gefühle für mich. Heute bin ich mir da ziemlich sicher. Vielleicht hat mich ihr aussehen geblendet und ich hab es deswegen nicht gemerkt.«

»Aber die Gefühle hatte sie nur für deinen Kontostand. Tut mir leid.«

»Nein, muss es nicht. Ich hab es nur sechs Monate nach unserer Heirat begriffen. Aber ich hab nie etwas gesagt, weil verheiratet zu sein, hielt mir die anderen ihrer Art vom Hals. Und davon gab es viele.«

Meine Hand bleibt auf seiner Brust liegen und ich schlucke heftig gegen den Kloß in meinem Hals an. »Das muss schwer sein?«

»Ja, nachdem ich es endlich kapiert hatte, habe ich eine zeitlang in jeder Frau eine geldgeile Alexandra gesehen«, sagt er knapp. Er lässt die Haarsträhne fallen und legt seine warme Hand auf meine Wange. Sein Daumen streichelt meine Unterlippe. »Eine Ehe, die von Kälte bestimmt war. Ich hätte viel früher gehen sollen.« Mein Mitleid mit ihm ließ meine Augen brennen und ich wich seinem Blick aus. »Und bei dir?«, will er jetzt wissen.

Ich atme tief ein. »Er war mein erster Freund. Ich habe immer geglaubt, dass ich ihn liebe. Und über die Jahre habe ich das auch nie hinterfragt. Wir waren lange ein Paar, da war es logisch, dass wir irgendwann heiraten. Als er mich gefragt hat, habe ich Ja gesagt. Das hat sowieso jeder von uns erwartet. Ich denke, bei mir war es auch Bequemlichkeit. Wir sind einfach diesem vorbestimmten Weg gefolgt. Und mir ist erst klar geworden, dass ich ihn gar nicht liebe, als er mir dieses Foto von sich und seiner Kollegin geschickt hat. Ich habe mich verletzt gefühlt, aber es hat nicht wehgetan. Eigentlich war ich sogar erleichtert.«

»Hast du schon mal wirklich geliebt?« Seine Lider schließen sich flatternd. Sein Atem geht ruhiger und schwerer.

»Ich glaube nicht.«

Er sieht mir in die Augen, seine Hand liegt noch immer an meiner Wange. »Ich auch noch nicht. Aber wenn ich dir in die Augen sehe, dann wünschte ich, ich könnte der Mann sein, der diese Gefühle in dir weckt. Denn ich bin sicher, wenn ich jemals wieder eine Frau an meiner Seite haben möchte, dann eine, die so ehrlich und warmherzig ist wie du.« Er klingt müde und schläfrig.

Ich schließe die Lider und schlucke mit heftig rasendem Puls. »Du kennst mich doch gar nicht. Vielleicht bin ich auch materiell eingestellt.«

»Bist du nicht. Erst dachte ich das, weil du mit Cassy befreundet bist. Cassy ist ihr Aussehen wichtig, ihre Jugend, Geld. Sie ist wie Alexandra. Und als ich dich in diesem Mantel gesehen habe, da war ich mir sicher, dass ich richtig vermutet hatte. Aber dann sorgst du dich um ein Mädchen, das schon lange tot ist und willst Gerechtigkeit für sie. Und du hast Mitleid mit mir, weil ich auf die falsche Frau hereingefallen bin. Und du hasst deinen Exverlobten nicht, weil er dich betrogen hat, sondern suchst die Fehler auch bei dir. Ich habe Alexandra einige Zeit gehasst, hab sie das sogar spüren lassen. Aber du bist zu gutherzig, um schlecht über jemanden zu denken, selbst, wenn er dir Unrecht getan hat. Nein, du bist anders«, murmelt er mit geschlossenen Augen.

Er meint den Designermantel, den Cassy mir geschenkt hat. Ich selbst kaufe mir keine überteuerten Sachen, obwohl ich es mir leisten könnte. Aber er hat recht, mir sind materielle Dinge nicht wichtig. Seine Hand schiebt sich in meinen Nacken und mit sanftem Druck zwingt er meinen Kopf auf seine

Brust. Ich rücke näher an ihn heran und atme den Duft seiner Haut ein. Ist er vielleicht doch nicht so arrogant wie ich gedacht habe? Die letzten Minuten ist er mir fast schon verletzlich vorgekommen. Verletzlich oder nicht, dieser Mann bringt meinen Puls zum Rasen und macht, dass ich mir wünsche, die Frau für ihn sein zu können, die er verdient hat. Aber diesen Wunsch muss ich mir aus den Kopf schlagen, denn ich befürchte, dass die Gefahr, die von ihm für mich ausgeht, viel zu groß ist.

4. Kapitel

Ich dachte, bevor man mit einem Flugzeug abhebt, muss man sichergehen, dass das Wetter auch mitspielt«, schreie ich Kieran wütend vor Angst um mein Leben an. Die kleine Cessna T300 ruckelt in der Luft hin und her und ich kralle mich an alles, was ich zu fassen bekomme. Habe ich schon einmal in meinem Leben Todesangst gehabt? Nein, aber in diesem Moment sehe ich mein Ende deutlich vor mir. Ich werde zusammen mit Kieran McDougal und diesem kleinen Flugzeug in das kalte dunkle Meer stürzen und den grauenvollsten aller Tode erleben. In meinen Gedanken wirbelt alles herum, was ich jemals über das Ertrinken gehört habe. Ich schreie auf, als das Flugzeug plötzlich absackt und verfluche Cassy, weil ich ohne sie gar nicht erst hier wäre.

»Zufällig habe ich das, und wäre nicht alles in Ordnung gewesen, hätte man uns nicht starten lassen«, brüllt Kieran zurück und krallt seine Finger um das Steuer.

Sein Gesicht ist angespannt und das macht mir noch mehr Angst. Gerade eben würde ich gerne auf seinen Schoß kriechen und mich an ihm festklammern, aber ich unterdrücke diesen Drang, um ihn nicht davon abzulenken, unsere Leben zu retten. In Gedanken entschuldige ich mich bei jedem, den ich vielleicht mal verletzt haben könnte und kneife die Augen fest zu. Ich will nicht mitbekommen, wenn die Wasseroberfläche immer näher kommt. Aber für den Fall hole ich mit jedem Atemzug ganz tief Luft, um vielleicht ein bisschen länger durchzuhalten. Plötzlich spüre ich Kierans Hand in meinem Nacken, er drückt meinen Kopf nach unten zwischen meine Knie.

»Bleib so!«, befiehlt er mit scharfem Ton und ich fange an zu zittern, weil ich weiß, jetzt ist es gleich soweit. Gleich werde ich meinem Schöpfer begegnen und ich kann nur hoffen, dass er mir nicht übel nimmt, dass ich mein Leben mit einer Liebe verschwendet habe, die es nicht gab, und dass ich meine Mutter hin und wieder einmal angeflunkert habe, als ich noch ein Kind war. Und erst letzte Woche, als ich ihr nicht erzählt habe, was Bill getan hat und warum die Hochzeit nicht stattfindet. »Und wenn ich schon dabei bin«, murmele ich. »Dann verzeih mir auch die vielen Orgasmen, die ich Bill vorgespielt habe.«

In dem Moment kracht das Flugzeug mit lautem Knall auf. Ich schnappe panisch mehrfach nach Luft, wedele mit den Armen und bereite mich auf den Wassereinbruch vor. Das Flugzeug poltert scheppernd weiter, etwas kratzt an der Außenseite entlang. Ich reiße die Augen auf und sehe nach draußen. Da sind Felsen und braunes Gras und ein kleiner Berg in der Ferne und noch ehe ich begreife, dass wir nicht im Meer gelandet sind, bleibt die Cessna stehen und Kieran grinst mich breit an. Mein Herz rast mit einer Heftigkeit, die Sterne vor meinen Augen tanzen lässt. Wir sind auf festem Boden gelandet und ich lebe noch. Jawohl, ich lebe noch! Ich fange hysterisch an zu kichern. Dann schnappe ich wieder nach Luft.

»Du kannst aufhören, nach Luft zu schnappen, wir sind sicher gelandet.« Kieran sieht mich mit hochgezogenen Augenbrauen an. Aber die Schweißperlen auf seiner Stirn und seine heftig bebende Brust verraten mir, dass auch er noch vor Sekunden Angst um sein Leben gehabt hat.

»Sicher«, kreische ich und schlage mit meinen Fäusten gegen Kierans Oberarm. Der lacht nur noch lauter und greift nach dem Funkgerät. Er gibt unsere Position durch. Zumindest denke ich das, denn ich verstehe nur bla bla und bla bla bla.

»Wo sind wir?«

»Auf der Karte? Rechts von Mainland. Eine winzige Insel, unbewohnt.«

Jemand antwortet ihm und ich warte ungeduldig, bis Kieran mir übersetzt, was der Mann da knackend durch das Funkgerät gegeben hat.

»Sie können uns nicht holen, solange der Sturm anhält. Aber keine Sorge, wir halten es ein bisschen hier aus. Geht es dir gut?«, will er jetzt schon deutlicher ruhiger wissen. Ich sehe aus dem Fenster und mustere meine Umgebung. Wir sind auf einer Lichtung gelandet.

»Da hatten wir aber Glück, dass es hier eine Lichtung gibt«, sage ich sarkastisch. Ich greife mir an die Stirn, die bei der Landung gegen mein Knie geprallt ist, und etwas schmerzt. »Ja, nur eine Beule.« Ich schließe die Augen und atme mehrmals tief durch. Noch immer kreist der gleiche glückliche Gedanke durch meinen Kopf: *überlebt. Ich bin noch am Leben. Ich habe eben einen Flugzeugabsturz überlebt.* Und obwohl ich noch immer in der Cessna sitze, kommt es mir so vor, als wäre dieser Absturz gar nicht real.

»Gut, dann sehe ich mal nach dem Flugzeug. Vielleicht haben wir ja Glück und kommen auch allein hier weg, sobald das Wetter besser wird.« Ich verdrehe die Augen. Wo nimmt dieser Mann nur diesen Tatendrang her? Meine Beine zittern noch immer und er beschließt nach seinem Beinahetod, einfach mal zur Tagesordnung überzugehen.

»Du glaubst doch wohl nicht, dass ich noch einmal mit diesem Teil fliege?«

Kieran legt eine Hand auf meine Wange und sieht mich lächelnd an. »Entweder dieses, oder ein anderes oder ein Rettungsboot.«

Mein Herz hämmert bei der Vorstellung noch einmal fliegen zu müssen. Aber hierbleiben kann ich auch nicht. Ich beiße mir auf die Unterlippe und sehe Kieran panisch an. Er schiebt seine Hand in meinen Nacken und zieht mich näher zu sich. Er sieht mir tief in die Augen und ich denke, er will mir Mut machen, also entspanne ich mich etwas. Sein Atem weht mir warm ins Gesicht und ich muss an die letzte Nacht denken. Wie sein Körper sich an meinem angefühlt hat und plötzlich verschwindet die Angst und ich werde ruhiger, während ich in diese silbernen Augen sehe. Und als ich mir gerade wünsche, dass er mich küsst, um auch die letzten Schatten von Furcht auszulöschen, da löst er sich von mir und steigt aus der Cessna. Ich blinzle verwirrt und atme tief ein. Ich wäre eben fast gestorben und kann nur daran denken, dass dieser Mann mich küssen soll. Bin ich denn irre? Von einer Gefahr in die nächste? Und warum hat er mich nicht geküsst?

Ich steige auch aus und folge Kieran um die Cessna herum. Er untersucht das Fahrgestell, den Propeller und die Flügel. »Alles in Ordnung. Wir hatten Glück, dass es hier diese Lichtung gibt.«

»Deine Cessna heißt Alexandra«, sage ich und zeige auf den Schriftzug an der Seite der Maschine. »Wir können wirklich von Glück reden, dass wir überlebt haben. Ich kann mir vorstellen, dass deine Exfrau dich hin und wieder gerne mal verflucht hat.«

»Darauf kannst du dich verlassen, besonders, weil ich sie nicht wieder in mein Bett lasse. Aber das Flugzeug habe ich erst ein paar Monate und das hieß schon beim Kauf so.«

Ich sehe Kieran erstaunt an und ärgere mich gleichzeitig über den eifersüchtigen Stich im Herzen. »Sie will wieder zu dir zurück? Warum das denn plötzlich?«

Kieran runzelt die Stirn. »Angeblich, weil sie jetzt weiß, dass sie mich liebt. Aber ich habe gehört, dass Nico sie finanziell an der kurzen Leine gehalten hat und jetzt sogar ausgetauscht hat.«

»Miststück«, sage ich leise. Kieran grinst mich an.

Es regnet heftig und ist ziemlich kalt. Ich reibe mir über die Arme. Meine Unterlippe zittert. Kieran packt mich an der Hand und zerrt mich wieder in die Cessna. Im Passagierabteil ist die Cessna geräumig. Es gibt drei Sitze, die miteinander zu einem Sofa verbunden sind, an der einen Wand. An der anderen gibt es halbhohe eingebaute Schränke mit einem Kühlschrank, einem Fernseher und einer Bar. Kieran öffnet den Kühlschrank und reicht mir eine Flasche Wasser. Ich nehme einen großen Schluck und verschließe die Falsche wieder.

»Hast du auch etwas Stärkeres?«, frage ich. Was ich jetzt brauche, ist etwas gegen meine flatternden Nerven und für mehr innere Wärme. Obwohl der kleine Monitor über den Sitzen zwanzig Grad anzeigt, friere ich noch immer. Das sind wohl die Nachwirkungen des Schocks. Kieran reicht mir ein Glas mit Whisky und zieht eine Stoffdecke aus einem der Schränke. Dann setzt er sich mit besorgtem Blick zu mir und zieht mich an sich.

»Mir geht es gleich besser«, sage ich bibbernd. »Danke übrigens, für die gute Landung. Du hast uns gerettet.«

Seine Hand streichelt über meinen Oberarm. »Gern geschehen. Für einen Neandertaler gar nicht so schlecht, oder?«

»Vielleicht bist du doch kein Neandertaler«, gebe ich gönnerhaft zu und trinke meinen Whisky, der sich brennend meine Speiseröhre runter arbeitet. Ich lehne mich gegen Kieran und sinke in seine schützende Umarmung. »Euer Wetter hier ist das Letzte«, sage ich, als ich mich immer mehr entspanne und die Angst langsam von mir abrückt.

»Das ist nicht immer so. Dieser Sturm ist sogar eher ungewöhnlich. Ich hab noch nicht erlebt, dass ein Sturm so plötzlich aufzieht.«

»Ach«, sage ich schnippisch. »Gib zu, dass du geplant hast, mich auf diese einsame Insel zu entführen, um mich schnellst möglich loszuwerden.« Ich sehe grinsend zu ihm auf. In meinem Magen bildet sich ein Knoten und Wärme durchströmt mich, als ich seinen zärtlichen liebevollen Blick sehe, mit dem er mich mustert.

»Wenn ich dich für mich allein gewollt hätte, hätte ich dich in mein Schlafzimmer gesperrt.«

Ich schlucke und weiche seinem Blick aus, dann löse ich mich von ihm, unter dem Vorwand, mein leeres Glas in die kleine Spüle gegenüber stellen zu wollen. Aber eigentlich ist die plötzliche Nähe mir unangenehm. Ich fühle mich mit dem, was in meinem Körper vorgeht, wenn er mich ansieht oder solche Anspielungen macht, überfordert. Aber wahrscheinlich bin ich nur einfach noch nicht bereit für einen neuen Mann in meinem Leben. Wenn da nur nicht diese verwirrende Anziehung wäre. Diese Elektrizität, die zwischen uns umherspringt, seit der vergangenen Nacht. Ich kann einfach nicht vergessen, wie seine Brust sich unter meiner Hand angefühlt hat, wie sein Atem geklungen hat, als er eingeschlafen war. Und wie sicher ich mich neben ihm gefühlt habe. Und wie gefährlich es sich zugleich angefühlt hat. So, als könne seine Berührung mich jeden Augenblick verbrennen.

»Was hast du Cassy geschuldet?«, will ich wissen und sehe nach draußen. Es ist fast Mittag und der Regen prasselt noch immer gegen die runden Fenster. Der Wind zerrt an den Wipfeln der Tannen am Rand der Lichtung. Und es ist viel zu dunkel für diese Tageszeit, weil sich noch immer dicke schwarze Wolken am Himmel türmen.

»Wie kommst du jetzt darauf?« Er beugt sich vor und stützt die Unterarme auf seinen Oberschenkeln ab. Ich lehne mich gegen die Arbeitsfläche in meinem Rücken und zucke mit den Schultern.

»Ich will ja wissen, welcher mysteriösen Schuld ich diese Katastrophe zu verdanken habe.«

»Du findest empfindest es also als Katastrophe mit mir allein zu sein?« Er sieht mich herausfordernd an. Ich senke den Blick auf meine Füße. Schöner Boden. Flokati in einem Flugzeug?

»Wieso hat dieses Flugzeug einen Flokatiboden?«

»Weil ich es einem Gangsterrapper abgekauft habe und noch nicht dazu kam, den auswechseln zu lassen. Du lenkst von meiner Frage ab.« Er sieht mich abwartend an.

Ich drehe mich um, nehme mein Glas wieder aus der Spüle und schenke mir Whisky ein. Warum habe ich mich nochmal von diesem Mann angezogen gefühlt? Ach ja, weil er der so ziemlich best aussehendste, arroganteste, und nervtötendste Kerl überhaupt ist. Und das ist eine Mischung, die bei allen Frauen das Gehirn ausschaltet und die Hormone an.

»Ich empfinde es als Katastrophe, fast gestorben zu sein.« Und ein bisschen auch deine Wirkung auf mich.

»Schon besser«, sagt er dunkel und in seinem Blick züngeln Flammen, die ungewollt ein Feuer in meinem Unterleib entzünden. Verdammter Mist!

»Was ist nun also die Schuld?«

Er zuckt mit den Schultern und streckt mir eine Hand entgegen. Ich reiche ihm den Whisky und er lehnt kopfschüttelnd und mit leicht genervtem Blick ab. »Komm wieder her. Wenn du da stehst, macht mich das ganz irre.«

Mein Magen rebelliert gegen den Whisky, oder aber auch gegen den erotischen Tonfall in seiner Stimme. Ich setze mich unsicher neben ihn und klammere mich an mein Glas. Ich hätte nie gedacht, dass mein Anker einmal Alkohol sein würde, aber gerade fühlt sich dieses Glas in meinen Händen wie ein Rettungsseil an. Wo kommt dieses elektrische Knistern denn jetzt schon wieder her? Ich bleibe auf Abstand und lehne mich stöhnend gegen die Rücklehne. »Also?«, hake ich wieder nach.

Er lacht. »Diese Neugier ist eine liebenswerte Eigenschaft von dir.«

»Und dieses Schweigen ist eine verabscheuungswürdige von euch Insulanern.«

»Cassy hat vor einiger Zeit eine Biografie über mich geschrieben. Der Verlag, für den sie arbeitet, wollte ihre Verbindung zu mir ausnutzen und hat sie gebeten, sie zu schreiben. Ich hab meine Verbindung zu ihr ausgenutzt, um die Veröffentlichung zu verhindern.«

»Oh«, sage ich. »Das muss ihr schwer gefallen sein. Aber irgendwann wird irgendjemand eine Biografie über dich schreiben. Du bist der Gründer einer der größten Plattformen im Internet. Wahrscheinlich wird es bald einen Kinofilm über dich geben.«

»Das hoffe ich nicht«, sagt er ernst. »Erzähl mir von dem Buch, das du schreiben willst. Warum soll es gerade auf Fair spielen?«

Ich trinke von meinem Whisky. Mein Körper hat die Wärme zurück und ich fühle mich deutlich wohler. »Cassy hat mir irgendwann mal von dieser Insel erzählt und ich fand den Gedanken einen Roman, der hier spielt, zu schreiben interessant. Und nicht nur ich, auch der Verlag. Da ist die Abgeschiedenheit, die manchmal etwas Wundervolles sein kann. Und die sich dann so schnell in eine Gefahr verwandeln kann. Das Leben hier muss nicht einfach sein. Und trotzdem hat der Gedanke daran etwas Romantisches. Und als ich erstmal den Vorschlag gemacht habe, einen Roman hier spielen zu lassen, da waren alle im Verlag begeistert von der Idee.«

»Und jetzt, wo du hier bist?«

»Als Bill sich von mir getrennt hat, da hatte ich erst keine Lust mehr auf eine Liebesgeschichte. Ich hatte vielmehr Lust darauf, eine Abrechnung mit dem männlichen Geschlecht zu schreiben. Aber trotz des Wetters, gefällt es mir noch immer hier.«

Kieran lacht leise. Er lehnt sich wieder zurück und mustert mich mit unverhohlener Neugier. »Und, hast du deine Meinung wieder geändert, oder werde ich als Vorlage für einen absolut hassenswerten Hinterwäldler in deinem Roman dienen?«

Ich verdrehe die Augen und boxe mit der Faust gegen seinen Oberschenkel. Er fängt meine Hand ein und hält sie fest. Das mittlerweile bekannte Flattern zieht wieder durch meinen Magen. Ich schlucke den Kloß in meiner Kehle herunter. »Ich habe beschlossen Isobels und Scotts Geschichte aufzuschreiben.«

»Das gefällt mir. Und was denkst du jetzt über die Ehe, nach der Sache mit Bill?«

»Ich bin mir nicht sicher.« Ich starre auf das Rundfenster mir gegenüber. »Er hat mich heute Morgen angerufen, als du die Cessna betankt hast, und hat sich entschuldigt. Er war wohl betrunken und sie auch.«

Seit seinem Anruf denke ich immer wieder darüber nach, ob ich ihm die zweite Chance geben sollte, die er möchte. Wir kennen uns jetzt schon so viele Jahre. Trotz unserer kleinen Probleme, dem manchmal etwas monotonen Sex und der Tatsache, dass unser Leben sich irgendwie vor sich hin gelebt hat, war er immer eine Art sicherer Hafen für mich gewesen. Und wenn ich Kieran betrachte, er fühlt sich wie ein Abenteuer an. Aufregend, bringt mich durcheinander und versetzt mich in Angst. Er entzündet mich und wühlt mich auf und das fühlt sich verwirrend an. Es fühlt sich neu an und neu ist nicht immer gut. Was nicht heißt, dass ich darüber nachgedacht habe, mit ihm zusammen zu sein. Auf keinen Fall. Kieran dient gerade nur als Vergleichsobjekt.

Mein Vergleichsobjekt sieht mich zornig an. »Du denkst doch nicht ernsthaft darüber nach, zu ihm zurück zu gehen?«

Ich ziehe die Schultern bis an die Ohren. »Vielleicht?«

»Das solltest du auf keinen Fall. Er wird es wieder tun«, entrüstet er sich und umschließt meine Hand noch fester. Ich hatte schon fast vergessen, dass er sie hält.

»Wir kennen uns schon sehr lange.«

»Das ist kein Grund für eine Heirat.«

»Was dann?«, frage ich entrüstet.

Er lässt mich los, umgreift mein Gesicht und zieht mich an sich heran. Noch ehe ich Luft holen kann, presst er seine Lippen auf meine. Dabei geht er kein bisschen vorsichtig vor, aber sehr erfahren. Mein Herz rast, in meinem Magen brennt ein Feuer und ich sinke seufzend gegen ihn. Meine Hände liegen auf seiner Brust, als würden sie auf meinen Befehl warten, ihn von mir zu stoßen. Aber diesen Befehl gebe ich nicht, weil ich in diesem Kuss ertrinke. Weil ich in den Gefühlen ertrinke, die dieser Kuss in mir hervorruft. Weil ich in Kierans würzigem Geschmack ertrinke, als seine Zunge in meinen Mund gleitet, in dem Moment, wo ich ihn für ein weiteres Stöhnen öffne. Er löst seine Hände von meinen Wangen und legt sie auf meine Taille, dann werde ich angehoben und finde mich auf seinem Schoß wieder. Das passiert alles, ohne dass sich seine weichen Lippen von meinen lösen. Mein Puls schlägt so schnell, dass mir ganz schwindlig wird. Oder ist das Kierans Kuss? Empfindungen durchfluten mich, die ich in dieser Heftigkeit nicht kenne. Mein Denken schaltet sich aus und ich fühle nur noch diese Gier nach viel mehr von dem hier in mir. Ich wühle durch Kierans seidig glattes Haar, presse mich an ihn, dränge meine pulsierende Hitze gegen die Beule, die sich unter dem Stoff seiner Jeans gebildet hat. Dann erwache ich aus diesem Strudel. Was tue ich hier?

Ich reiße mich von Kieran los und springe von seinem Schoß. Mein Gesicht glüht vor Scham. Mein Körper tut es auch, aber aus einem anderen Grund. »Was tun wir hier?«, gifte ich Kieran an.

»Nach was fühlt es sich denn an?«, fragt er heftig atmend und greift nach meiner Hand. Ich weiche zurück.

»Nach etwas sehr sehr Falschem.«

»Warum sollte es falsch sein. Es war ein Experiment. Sieh mir in die Augen und sag mir, dass du das auch empfindest, wenn du Bill küsst.«

Das kann ich nicht. Weil es eine Lüge wäre. Trotzdem sehe ich in Kierans Gesicht, in dem eine Mischung aus Erregung und Anspannung steht. »Ein Experiment, um mir zu zeigen, wie ich auf einen anderen Mann reagiere?«

»Wie du auf mich reagierst«, sagt er selbstsicher grinsend und steht auf. Ich bewege mich rückwärts von ihm weg. Er bewegt sich wölfisch grinsend vorwärts auf mich zu. Ich schüttele den Kopf und hebe abweisend die Hände.

»Das hat nichts damit zu tun, dass ich Bill vielleicht doch heiraten werde. Also ist das hier absolut nicht erlaubt.« Aber erwünscht. Von meinem Körper, der noch immer vor Erregung vibriert. Was hat Kieran nur mit mir gemacht? Noch niemals habe ich mir so sehr gewünscht, von einem Mann vollkommen ausgefüllt zu werden. Ich versuche, die knisternde Erregung von mir abzuschütteln. Aber nur ein flüchtiger Blick in Kierans glühende Augen und das Feuer in mir beginnt, von Neuem zu lodern.

»Du wirst ihn nicht heiraten.«

»Weil du mir das befiehlst?«, frage ich zornig. Kieran bleibt vor mir stehen und hört auf, mich weiter rückwärts zu drängen, weil ich mit meinem Rücken schon gegen die Rücklehne des Co-Piloten-Sitzes gedrückt werde.

»Ja.« Er schüttelt den Kopf und fährt sich über sein stoppeliges kantiges Kinn. Diese Bewegung lenkt meinen Blick auf diese besonders männliche und sehr erotische Partie in seinem Gesicht. Meine Finger zucken schon in der Versuchung, auch über dieses Kinn streichen zu dürfen. Aber ich befehle ihnen mental, sich gefälligst zurückzuhalten. »Ich meine, nein. Ich will nur nicht, dass so eine tolle Frau wie du sich ins Unglück stürzt. Ich habe es meiner Exfrau einige Zeit durchgehen lassen, sich mit meinem Geschäftspartner zu vergnügen. Ich wusste es schon ein paar Monate vor der endgültigen Trennung. Und das ist kein Spaß, es zu wissen. Jede Nacht neben dieser Person, die dich betrügt, zu schlafen. So zu tun, als wäre nichts. Glaub mir, das willst du nicht.«

»Vielleicht sollte ich selbst entscheiden, ob ich das will.« Ich will es nicht. Aber wenn ich es jetzt zugebe, dann wird Kieran sich nicht mehr aufhalten lassen. Er wird mich in diese wundervoll kräftigen Arme reißen und mehr als nur einen Kuss wollen. Ich kann die Erregung, die ihn durchflutet noch immer sehen. Und ich fürchte mich vor dieser Erregung. »Warum interessiert dich das überhaupt?«, keife ich ihn an. Meine Hände umklammern die Rückenlehne hinter mir. Ich zittere vor Anspannung.

»Weil ich nicht will, dass du das erleben musst.« Er legt eine Hand unter mein Kinn und zwingt mich, ihn anzusehen. »Zufällig mag ich dich. Und ich mag es, wenn wir uns streiten.« Er nimmt meine Hand und legt sie auf die Stelle seiner Brust, unter der sein Herz viel zu schnell rast. »Spürst du das? Das machst du mit mir. Ich weiß noch nicht, warum ich so auf dich reagiere. Aber ich weiß, es hat etwas zu bedeuten. Und deswegen werde ich nicht zulassen, dass du diesen Kerl heiratest. Das ist ein Versprechen.«

Ich sauge zitternd Luft in meine Lunge. Ich bin so verwirrt. Was passiert hier gerade? Warum ist alles so viel intensiver, wenn Kieran mich berührt? Warum kann ich dieser Anziehung kaum widerstehen? Und warum will ich nicht, dass er aufhört mit dem, was er sagt?

Ich reiße mich von ihm los und beginne meine Flucht vor ihm von Neuem. Kann dieses Flugzeug nicht größer sein? »Ich kann das nicht.«

Seine Arme schlingen sich von hinten um meine Taille. Ich werde gegen seine Brust gezogen. Sein Atem bläst mir heiß gegen den Nacken. »Warum nicht? Hast du zu viel Angst? Lass mich raten. Bill ist der einzige Mann mit dem du je intim warst?«

Ich winde mich in seinen Armen. Er weiß es! Mein Herz hämmert panisch. Nicht, weil er mich hält, sondern weil er es gemerkt hat. »Küsse ich so schlecht?«

»Nein, ganz und gar nicht. Aber ich kann deine Angst fast schon riechen. Du fürchtest dich davor, dass ich dich berühre. Dass ich Dinge mit dir tue, die du bisher nur mit Bill geteilt hast.«

Ich schluchze erleichtert auf, als Kieran mich loslässt. Doch er dreht mich nur um und zieht mich sofort wieder an seinen Körper. »Ja«, gebe ich zu. »Ich habe Angst. Aber nicht nur davor. Auch weil es sich intensiver anfühlt, wenn du mich berührst.«

In seinen Augen blitzt etwas auf und er grinst mich zufrieden an. »Du musst keine Angst haben. Du kannst gar nichts falsch machen. Wenn jemand etwas falsch machen kann, dann ich. Ich könnte dich nicht genug erregen. Und dann würde sich dein Verstand nicht ausschalten. Wenn ich es richtig mache, schaltet sich dein Verstand ab und dein Körper übernimmt. Und der weiß von ganz allein, wie es richtig läuft«, sagt er und reibt kreisend seine Erektion gegen meinen Unterleib.

Ich stöhne leise auf und fühle mich wie ein Häufchen Elend. Willenlos. So erregt, dass ich die Feuchtigkeit in meinem Höschen deutlich spüren kann. Kieran streicht meine Haare über die Schulter zurück und legt zärtlich seine Lippen auf meinen Hals. Seine Zunge malt feuchte Kreise auf meine empfindliche Haut und meine Knie knicken ein. Kieran packt mich fester um die Taille.

»Warum willst du das hier so unbedingt?«, frage ich heftig atmend. Egal, wie er antwortet. Ich gebe meinen Kampf auf. Mein Körper hat längst entschieden, dass ich es genauso will. Ich schlinge meine Hände in sein rabenschwarzes Haar und presse meinen Unterleib fester gegen seinen. Zwischen meinen Schenkeln pulsiert es fordernd. Ich kann diesen drängenden Schmerz nicht länger ignorieren.

»Weil ich weiß, dass du nach dem hier für immer mir gehören wirst«, sagt er rau.

»Wieso willst du das?«

Er löst sich wenige Zentimeter von mir, nimmt wieder meine Hand, um sie über sein Herz zu drücken. »Weil ich das noch nie erlebt habe. Und irgendetwas sagt mir, dass das bedeutet, dass du die Eine bist.«

»Ich verstehe es nicht«, flüstere ich. »Das geht so schnell.«

»Ist es nicht eigentlich immer so? Man sieht sich, verliebt sich und lernt sich dann besser kennen?«

»Ist es bei dir und Alexandra so gewesen?«, frage ich. »Bei Bill und mir war es das nicht. Wir kannten uns schon in der Grundschule. Irgendwie stand immer fest, dass wir mal heiraten werden.«

Er sieht mich mit zusammengekniffenen Augen an. »Du wirst ihn nicht heiraten. Und nein, so war es bei Alexandra nicht. Deswegen bin ich mir so sicher, dass das hier etwas Besonderes ist. Du wirst mich nicht mehr los. Das ist das Einzige, das ich dir versprechen kann.«

Ich sehe ihm unsicher in die Augen, aber was ich darin sehe, drückt genau das aus, was er eben gesagt hat. Er nimmt mich in Besitz. Mit diesen einfachen Worten eben hat er mir ein Versprechen für die Ewigkeit gegeben. Zumindest für den Augenblick ist es für ihn ein Versprechen für die Ewigkeit. Vielleicht denkt er schon morgen anders darüber. Aber genau jetzt ist es für ihn das, woran er fest glaubt. Und ich will es auch glauben. Also nicke ich zustimmend, lege meine Hände auf seine Wangen und ziehe sein Gesicht wieder näher an meins. Und als er mich jetzt küsst, tut er es zärtlich. So als würde dieser Kuss sein Versprechen besiegeln. Ich sinke seufzend in seine Arme und ergebe mich mit rasendem Puls. Mein Magen flattert vor Panik, weil ich noch immer Angst habe. Aber das Vibrieren und die Gier in mir sind stärker. Sie treiben mich dazu, meine Hände über Kierans Muskeln gleiten zu lassen.

Jede Erhebung, jedes Tal zu erkunden. Jeden Zentimeter dieses unfassbar schönen und männlichen Körpers zu erkunden. Er fühlt sich so anders an, fremd und beängstigend. Aber auch wundervoll erregend, dunkel und gefährlich. Ich kann dieser Anziehung unmöglich länger widerstehen. Ich muss ihn auf mir spüren. Ihn in mir fühlen. Muss wissen, wie anders es mit ihm sein wird.

Kieran legt seine Hände auf meine Taille, schiebt die Daumen unter mein Shirt und den Stoff dann bis knapp unter meinen Brustansatz. Ich verbrenne, als seine Finger meine nackte Haut berühren, tauche gierig meine Zunge in seinen Mund und dränge mich enger an seinen harten Körper. Meine Hände gleiten über seinen Rücken, ertasten jeden Muskel. Ich drücke mein Gesicht an seine Brust und atme tief seinen sauberen, würzigen Duft nach Mann und Aftershave ein. Kierans Hände packen den Saum meines Shirts, dann zieht er es mir über den Kopf, hält meine Hände über meinem Kopf fest, gefesselt im Stoff meines Shirts. Er sieht mir verlangend in die Augen. Das silbrige Grau wirkt etwas dunkler. Er mustert mein Gesicht, während er eine Hand von meinem Shirt nimmt und mir damit langsam den Arm hinunterstreicht. Die andere hält meine Hände noch immer fixiert. Ich bin gefesselt. Atemlos beobachte ich, wie er meinen Oberkörper mit Blicken verschlingt. Seine freie Hand öffnet geschickt den Verschluss meines BHs im Rücken. Er schiebt auch ihn nach oben und legt mit einem leisen Stöhnen eine Hand auf meine Brust.

»Perfekt«, murmelt er leise. Löst den Blick dabei nicht von seiner Hand, die mich umfasst und zärtlich massiert. Mit Daumen und Zeigefinger zupft er an meiner Brustwarze, bis sie sich ihm hart und verlangend entgegenstreckt.

Ich stöhne und drücke meinen Unterleib gegen seine Erektion. Endlich befreit er meine Hände. Ich greife nach dem Saum seines Shirts und zerre es hastig über seinen Kopf. Ich hab seinen Oberkörper schon nackt gesehen, trotzdem raubt mir der Anblick wieder den Atem. Ich schlucke trocken, so überwältigt bin ich von der Schönheit seiner Männlichkeit. Meine Hände erkunden zärtlich seine Bauchmuskeln und den schwarzen Pfad Härchen, der im Bund seiner Jeans verschwindet. Ich liebe es, ihn zu berühren, ihn zu erforschen und ihm so nahe zu sein. Ich lecke über seine salzig schmeckende Haut, umkreise mit meiner Zunge seine Brustwarze und freue mich über das leise Stöhnen, das er von sich gibt. Ich möchte in ihm versinken, möchte ihm unter die Haut kriechen und für einen Augenblick danke ich Gott, dass er uns auf dieser einsamen Insel hat abstürzen lassen. Fast so, als wäre das hier sein Plan gewesen. Wie kann ein Mann nur so erotisch sein? So gut aussehend. So anziehend. Ist es nicht unfair, dass er einfach perfekt ist?

Kieran hebt mein Kinn an und schiebt mich rückwärts, bis ich mit dem Hintern an die Arbeitsplatte der Spüle stoße. Dann legt er seine Hände an meinen Hintern und ich zucke leicht zusammen, weil ihm nicht entgehen konnte, dass er runder ist, als er sein sollte. Aber er lächelt zufrieden. Drückt kräftig zu und reibt sich an mir. Sein Mund legt sich auf eine meiner Brustwarzen und ich stoße einen leisen Schrei aus. Bill hat meine Brüste so gut wie nie berührt. Schon gar nicht hat er an ihnen gesaugt. Ich hatte keine Ahnung, dass sich das so gut anfühlen würde.

Ich dränge ihm meine Brust entgegen, kralle meine Hände in seinen Nacken und halte ihn an Ort und Stelle. Kieran lässt seine Zunge um meine Knospe kreisen, saugt und knabbert an mir und schickt kleine Blitze in meinen Unterleib, der sich voller Verlangen zusammenzieht. Kieran weiß wirklich, was er tun muss, um mich anzutörnen. Nie zuvor habe ich so sehr gebrannt vor Begehren. War niemals so erregt gewesen. Lag es wirklich an Bill, dass ich immer nur auf Sparflamme lief? Ich bin immer davon ausgegangen, dass es mehr als das nicht geben würde. Aber jetzt winde ich mich unter Kierans Berührungen und kann nicht glauben, was mit mir passiert. Ich verbrenne und in meinem Kopf ist nur noch Leere und unendliches Begehren.

Kieran hebt mich auf die Arbeitsfläche und drängt sich zwischen meine Schenkel. Als seine Beule auf den pulsierenden Punkt im meiner Mitte trifft, schreie ich auf. Ich umschlinge Kierans Taille mit meinen Beinen und ziehe ihn an mich, um mich an ihm reiben zu können. Ich will mehr! Will alles!

»Kieran«, seufze ich und übe mit meinen Händen noch mehr Druck auf seinen Hintern aus, um ihn noch fester an diesen Punkt zu drängen, der mich wahnsinnig vor Verlangen macht. Kieran lacht leise, leckt träge über meinen Hals und knabbert an meinem Ohrläppchen. Jagt damit neue Stromstöße durch meinen Körper und entlockt mir wieder ein Stöhnen.

Seine Hände streichen meinen Körper entlang und tasten sich zu Reißverschluss meiner Hose vor. Er öffnet meine Hose und sieht mich dabei direkt an. Sein Atem geht so schnell wie meiner. Seine Lippen haben mehr Farbe von unseren Küssen.

»Hintern hoch«, befiehlt er. Ich stütze meine Hände auf die Arbeitsfläche und hebe meinen Körper an. Kieran zerrt mir die Jeans mitsamt Höschen vom Körper und wirft sie achtlos auf den Boden. Ich werfe einen Blick aus dem Fenster hinter ihm. Die Sonne geht unter. Jeden Augenblick bricht die Nacht über unserer einsamen Insel herein. Ein Schauer überkommt mich bei dem Gedanken, dass wir die ganze Nacht hier sein werden. Allein.

Kieran stellt sich wieder zwischen meine Schenkel, den Blick auf meine Mitte gerichtet. Er zieht mein Becken bis ganz an den Rand. Seine Hände liegen auf meinen Oberschenkeln. Seine Daumen streicheln die empfindliche Haut neben meinen Schamlippen. Ich fingere ungeduldig an seiner Hose herum, bis ich endlich den Reißverschluss offen habe. Meine Angst hiervor ist längst verschwunden.

Ich genieße mit jedem Atemzug, was wir tun. Ein Daumen taucht zwischen meine Schamlippen, bohrt sich in meine Öffnung. Ich schreie, stoße ihm meinen Unterleib entgegen und verlange nach mehr. Der Daumen gleitet wieder aus mir heraus und verteilt Feuchtigkeit zwischen meinen Schamlippen. Als er meine Klitoris berührt, schreie ich ein weiteres

Mal auf. Blitze schießen heiß und elektrisierend durch meinen Körper. Kierans Daumen umkreist meine Klitoris, treibt die Anspannung, die sich in mir aufbaut weiter und weiter. Ich keuche, stöhne und treibe meine Nägel in Kierans Taille. Ungeduldig schiebe ich meine Hände in seine Jeans und lege sie auf seinen festen Hintern. Ich knete ihn, dann zerre ich die Jeans von seinen Hüften. Ich halte mich auch nicht bei den Boxershorts auf, sondern schiebe sie gleich mit nach unten. Mit meinen Füßen helfe ich nach, bis sich Jeans und Shorts um Kierans Unterschenkel wickeln. Sein Penis springt mir entgegen und kurz vergesse ich das Atmen.

»Mein Gott, ist der riesig!«, stoße ich aus.

»Etwas mehr als Durchschnitt«, sagt er grinsend. Sein Daumen stößt wieder in mich und ich stelle mir vor, wie es wohl ist, wenn dieser breite große Penis mich ausfüllt. »Hast du Angst?«, fragt er und mustert mein Gesicht.

Ich schüttele den Kopf. »Ich bin nur neugierig.«

Kieran lacht. »Dann sei froh, dass ich deine Neugier gleich stillen werde. Fass ihn an«, sagt er und seine Stimme nimmt wieder diesen Tonfall an, der keinen Widerspruch duldet.

Ich strecke die Hand nach ihm aus und umfasse seine Erektion unterhalb der Eichel. Er fühlt sich steinhart und samtig zugleich an. Auf seine Eichel tritt ein Tropfen Feuchtigkeit und ich verteile ihn mit dem Daumen. Kieran stöhnt keuchend auf und stößt in meine Hand. Das ist so erotisch, dass ich merke, wie sofort wieder Feuchtigkeit aus mir herausläuft. Ich fahre an seinem Schaft herunter und erkunde die Größe seines Penis. Ich kann mir nicht vorstellen, dass er in mich passen soll, zugleich bin ich aber auch sehr gespannt. »Ich will dich spüren«, flüstere ich.

»Reicht dir mein Daumen also nicht?« Kieran stößt ihn noch einmal in mich. Ich schüttele den Kopf. Er zieht seinen Daumen aus mir raus und lässt ihn wieder über meine Klitoris gleiten. »Und das?«

»Schon besser«, stöhne ich und lasse meinen Unterleib zucken. Meine Faust gleitet an Kierans Schaft auf und ab und ich genieße es, wenn er mit kräftigen Stößen nachhilft.

»Bist du dir sicher, dass du das willst?«, fragt er mich. Er hat aufgehört, meine Klitoris zu bearbeiten. Nur eine Nanosekunde, bevor ich gekommen wäre. Jetzt sieht er mir ernst in die Augen. »Wenn wir das hier durchziehen, gehörst du mir. Nicht nur für diese eine Nacht.«

Ich dränge mich ungeduldig gegen seine Hand und nicke wild. »Ich will es. Jetzt!«, befehle ich.

Kieran knurrt dunkel, dann packt er seinen Schaft, führt ihn an meinen Eingang. Angst und Vorfreude flattern durch meinen Magen. Er schiebt sich langsam in mich. Meine Muskeln dehnen sich für ihn. Nehme ihn Zentimeter für Zentimeter auf. Er füllt mich aus, bis ich glaube, dass mehr nicht möglich ist. Aber er schiebt sich noch tiefer in mich. Dann verharrt er. Sieht mich aus verschleierten Augen heftig atmend an. Diese Pause verlangt ihm alles ab. Ich kann es an der Anspannung in seinem Gesicht sehen.

»Ich bin okay«, ermuntere ich ihn. Meine Hände umklammern seine Schultern. »Bitte.«

»Jetzt gibt es kein Zurück mehr«, sagt er rau und ich habe den Eindruck, dass er nicht nur das meint, was wir hier gerade tun. Dann zieht er sich aus mir heraus und stößt kraftvoll zu. Er stößt gegen meinen Muttermund und süßer Schmerz breitet sich in meinem Unterleib aus. Ich stöhne, versuche gegen seine Stöße anzukommen. Halte mich fest an ihm und dränge mich ihm mit allem, was ich habe, entgegen. »Jetzt gehörst du mir«, sagt er keuchend. In diesem Moment hätte ich ihm alles gegeben.

Wieder baut sich die Anspannung in mir auf. Immer mehr und mehr ziehen sich meine inneren Muskeln zusammen. Ich bin so feucht, dass ich fühle, wie es aus mir herausläuft. Das hier ist ganz anders als das, was ich mit Bill hatte. Das hier fühlt sich so an, wie es in Liebesromanen beschrieben wird. Heftig, intensiv, alles verändernd. Ich schrumpfe auf das zusammen, was Kieran mich fühlen lässt. Alles andere drängt sich in den Hintergrund. Nichts anderes zählt mehr. Meine Muskeln ziehen sich noch heftiger zusammen. Kieran hämmert kraftvoll in mich hinein. Ich bin kurz davor. Schreie, winde mich und lasse mich fallen. Mein Körper zuckt Welle um Welle, als mich ein überwältigender Orgasmus erfasst und ich Kierans Namen in die Nacht schreie. Kieran drückt einen Finger auf meine Klitoris und lässt weiter Welle um Welle durch meinen Körper fluten. Dann spüre ich ihn in mir zucken. Erschöpft und befriedigt sinke ich gegen Kieran. Seine Haut ist feucht von Schweiß. Er schlingt seine Arme um mich und hebt mich von dem Schrank, dann sinkt er mit mir in den Armen auf den Flokati und zieht die

Decke, mit der er mich vorhin gewärmt hat, über unsere Körper. Ich atme noch immer angestrengt. Meine Beine zittern vor Schwäche. Ich kuschele mich ermattet an Kieran. Atme seinen leicht veränderten Duft tief ein und bin froh, dass ich meine Furcht verdrängt und mich auf dieses Abenteuer mit Kieran eingelassen habe.

»Du riechst nach Sex«, flüstere ich müde.

»Du riechst nach mir«, sagt er und küsst mich auf die Stirn. Ich rieche nach ihm. Der Gedanke gefällt mir.

»Das war gut«, sage ich und male Kreise auf seine Brust.

»Oh ja. Und wir sind noch nicht fertig. Wir haben eine lange Nacht mitten im Nirgendwo vor uns.«

Ich kichere. Bei dem Versprechen zieht sich mein Unterleib freudig zusammen. »Wir haben kein Kondom benutzt.«

»Ich habe mich testen lassen nach Alexandra. Und seitdem war keine andere Frau in meinem Bett. Du musst keine Angst haben.«

Ich hebe den Kopf und sehe ihn an. »Ich habe mich nicht testen lassen. Dazu war keine Zeit.«

Er legt eine Hand an meine Wange. »Dann holen wir das nach. Aber ich denke, wir müssen uns keine Sorgen deswegen machen.« Er zieht mich wieder an sich. »Lass uns ein bisschen schlafen. Ich hab heute Nacht kaum geschlafen. Es schläft sich nicht gut, mit einer Dauererektion und Fantasien von mir in dir.«

»Du hast dir vorgestellt, wie es wäre, Sex mit mir zu haben?«

Er lacht. »Ich gehe jede Wette ein, die Jungs von gestern Abend hatten ähnliche Vorstellungen.«

»Und, was denkst du darüber?«

»Dass es besser für sie ist, dass ich nichts davon weiß, sonst müsste ich ihnen ein paar Knochen brechen.«

»So besitzergreifend wegen einer Frau, die Sie gar nicht kennen, Mr McDougal?«

»Ich habe dich gerade sehr viel besser kennengelernt.«

5. Kapitel

Ich werde nie wieder in dieses Flugzeug steigen«, keife ich Kieran an. Aufgebracht betrete ich die Eingangshalle von Sumburgh Castle.

»Aber es ist doch gar nichts passiert«, versucht er mich zu beruhigen, umschlingt meine Taille und zieht mich mit dem Rücken gegen seine Brust, bevor ich die Treppe nach oben flüchten kann. Ich strampele mit den Füßen und versuche, mich zu befreien.

»Lass mich runter!«

Kieran lacht rau. »Wie wäre es, wenn ich dich in mein Bett trage?«

Zwischen meinen Schenkeln setzt sofort ein heftiges Pulsieren ein, aber ich schüttele den Kopf. »So verlockend dein Angebot auch ist, aber nach diesem Flug muss ich erstmal unter die Dusche und muss mir den Angstschweiß vom Körper waschen. Außerdem habe ich dir noch nicht verziehen, dass du einfach losgeflogen bist, während ich noch geschlafen habe. Du hast ja keine Ahnung, wie es sich angefühlt hat, mitten über dem Meer aufzuwachen. Ich dachte, ich sterbe schon wieder.«

»Aber du bist nicht gestorben, weder gestern noch heute. Ich dagegen werde sterben, wenn du mich nicht gleich in dich rein lässt. Wir können ja zu zweit duschen«, flüstert er mir heiser ins Ohr und reibt seine Erektion gegen meinen Rücken. Ich strampele wild, bis er mich loslässt. Noch eine Sekunde länger und ich wäre zitternd vor Begehren weich geworden. Dieser Mann hat mich in der letzten Nacht mehr als nur einmal in den Sexhimmel gestoßen. Der süße Schmerz zwischen meinen Schenkeln erinnert mich bei jedem Schritt daran.

»Du hast gesagt, du musst einigen Schriftkram erledigen. Ich muss das auch. Gib mir etwas Zeit zur Erholung. Vielleicht denke ich darüber nach, dir zu verzeihen.«

Er kommt mit einem breiten Grinsen bedrohlich auf mich zu und drängt mich solange rückwärts, bis ich das Ende des Handlaufs in meinem Rücken spüre. »Habe ich dir schon gesagt, dass ich es gerne dominant mag.« Er sieht mich finster an, aber ich kann das Lächeln sehen, das an seinen Mundwinkeln zupft. Trotzdem arbeitet sich ein Zittern durch meinen Körper, als er so nahe kommt, dass seine Brust mich berührt. Er schließt stöhnend die Augen und atmet meinen Geruch tief ein. »Du riechst noch immer sehr verführerisch. Aber dieses eine Mal lasse ich dir deine Weigerung durchgehen. Nur für jetzt. Heute Abend gehörst du wieder mir.«

Ich erschauere heftig unter dem Ansturm von Gefühlen, die seine Worte in mir auslösen. Ich möchte sofort meine Arme um ihn schlingen und meine Lippen auf seine pressen. Doch jetzt nachzugeben wäre ein Fehler. Also runzle ich missbilligend die Stirn und schiebe Kieran mit Nachdruck von mir.

»Das werden wir noch sehen.« Ich haste eilig die Treppen nach oben, aber er folgt mir nicht. Er steht noch immer lachend unten und sieht mir nach. Keuchend schließe ich meine Zimmertür und lasse mich dagegen sinken. Dieser Mann treibt mich in den Wahnsinn. Und das Schlimme daran ist, ich genieße es. Ich genieße seine fordernde Art, dass er genau weiß, was er will und dass er es sich einfach nimmt. Und was er will, das bin ich. Ich fühle mich zum ersten Mal wirklich begehrt. Dieses Gefühl hat Bill mir nie gegeben. Und ich bin erstaunt über meinen Mut, mich auf dieses Spiel einzulassen. Dieses Spiel mit dem Feuer, denn eigentlich bin ich eine Planerin und was ich gerade mit Kieran tue, ist weit ab von allem, was ich jemals hätte planen können.

Ich gehe duschen, danach lege ich mich mit Isobels Tagebüchern auf mein Bett, um an etwas anderes als an Sex mit Kieran McDougal zu denken und daran, was für Konsequenzen das für mich haben könnte.

24. Juni 1923

Ich bin heute Nachmittag mit Tammy am Hafen gewesen, da habe ich ihn gesehen: Scott Green. Er hat die dunkelsten Augen überhaupt. Und ich liebe sein braunes Haar. Es hat die Farbe von feiner Schokolade. Er hat mich angelächelt, als wir an ihm vorbeigegangen sind. Und Tammy hat kichernd ihren Sonnenschirm vor uns gehalten. Ich war deswegen wütend auf sie, weil ich ihn wegen des Schirms nicht habe sehen können, als er direkt vor uns stand. Manchmal ist Tammy aber auch wie ein kleines Mädchen. Ich habe ihr doch vorher gesagt, dass wir an ihm vorbeilaufen wollen, damit ich ihm zulächeln kann. Damit er mich bemerkt. Mir wird ganz merkwürdig und schummrig, wenn ich nur daran denke, wie es wäre ein paar Worte mit ihm zu wechseln. Mir würde es schon reichen, ihm nur ein einziges Mal meine Hand zu reichen, damit er sie küssen kann.

Morgen werde ich ohne Tammy über die Insel laufen, bis ich ihn gefunden habe. Maggies Eltern haben Scott von Mainland rübergeholt und ihn als Hirten angestellt. Maggie hat erzählt, er wäre ein entfernter Cousin. Die Vorstellung ist allzu undenkbar, wenn man überlegt, wie wunderschön Scott ist und wie wenig Schönheit der Herr doch für Maggie übrig hatte. Aber auch wenn er ihr Cousin ist und in ihrem Haus wohnt, ich kann Maggie nicht nach ihm ausfragen. Sie würde zu schnell merken, dass mein Interesse an Scott Green ungewöhnlich hoch ist.

Vater hat heute wieder einen seiner Wutanfälle gehabt. In letzter Zeit wird er immer unerträglicher. Dafür wird er dem Whisky immer zuträglicher. Ihn drückt eine Sorge. Man merkt es deutlich, aber er redet nicht mit Mutter. Und schon gar nicht mit meinen Geschwistern oder mir. Morgen ist er zu unser aller Erleichterung nicht auf Fair. Er reist für eine Woche nach Inverness. Er hat dort Geschäfte zu erledigen. Cedric meinte, dann hätten wir Zeit uns von seinen Launen zu erholen. Das hoffe ich auch sehr. Die Sommerferien sind fast vorbei und ich möchte nicht den halben Tag von Vater herumgeschubst werden.

Ein Schauer packt mich. Scott Green wie S.G. Kann das möglich sein? Hat die Uhr in Isobels Hand doch Scott gehört? Nein, das will ich nicht glauben. Ich will daran festhalten, dass Isobel und Scott eine große Liebe erlebt haben, bis sie ein tragisches Ende gefunden hat. Gerade fühle ich mich doch wieder romantisch und will diese Liebe unbedingt. Ich schüttele die Gedanken ab, weil sie mir absurd erscheinen. Hinter S.G. muss jemand anders stecken. Jemand, der sich eine goldene Uhr leisten kann. Warum auch sollte Scott den Slogan der McGregors in seine Uhr eingravieren lassen? Ja, dieser Gedanke gefällt mir, denn er überzeugt mich von Scotts Unschuld. Ich lege das Tagebuch beiseite und starre an die Decke. Das muss Liebe auf den ersten Blick gewesen sein. Sie hat Scott gesehen und sofort hat sie ihn gewollt. Meine Beziehung zu Bill hat sich über die Jahre entwickelt. Ich bin mir heute nicht mehr sicher, ob ich überhaupt irgendwann dieses Gefühl hatte, ihn haben zu wollen. Ganz anders verhält sich das bei Kieran. Ich muss nur an ihn denken und schon durchlaufen Schauer meinen Körper und das Verlangen nach ihm flammt in mir auf. Ich bin nur wenige Minuten nicht in seiner Nähe gewesen und schon sehne ich mich nach seinen Augen. Nach seinen Berührungen.

Ich schwinge die Beine aus dem Bett und beschließe, dass mir etwas frische Luft helfen wird, den Kopf frei von einem gewissen Herren zu bekommen, um mehr Platz für Isobel und Scott zu schaffen. Außerdem steckt mir der Flugzeugabsturz noch immer in den Gliedern. Die Furcht flammt noch immer als düstere Erinnerung in mir auf. Ich werfe mir meinen Mantel über und laufe die Stufen hinunter. In der Bibliothek brennt Licht. Ich schleiche mich an der angelehnten Tür vorbei. Wenn Kieran mich jetzt aufhält, weiß ich nicht, ob ich dann heute noch aus dem Castle komme. Schon allein die Vorstellung, es mit ihm auf diesem riesigen Schreibtisch zu tun, heizt mir so sehr ein, dass ich an der Ausgangstür zögere.

»Reiß dich zusammen!«, raunze ich mich selbst an. Woher kommt nur so plötzlich dieses Verlangen nach Sex? Ich bin noch nie ein sehr sexueller Mensch gewesen. Aber Kieran hat es in nur wenigen Stunden geschafft, mich zu einem vor Lust und Sehnsucht vergehenden Häufchen zu machen. Und ich kann nicht genug davon bekommen.

Leise öffne ich die Tür und flüchte aus dem Castle. Draußen atme ich mehrfach tief durch und laufe los. Zuerst will ich S.G. auf den Grund gehen. Schnellen Schrittes marschiere ich zum Gemeindehaus. Als ich die Tür zum Archiv öffne, sieht mich Mrs Sheffield mit zusammengekniffenen Lippen an. Ihr Blick wirkt so frostig, dass sich eine Gänsehaut auf meinen Armen bildet. Ich schüttele das negative Gefühl von mir ab und betrete mit hoch erhobenem Kopf das Archiv. Ich setze ein strahlendes Lächeln auf und beschließe, mir nichts anmerken zu lassen.

»Mrs Sheffield! Schön, Sie wiederzusehen.« Lächelnd bleibe ich vor ihrem Schreibtisch stehen und reiche ihr die Hand. Sie nimmt nur zögernd meine Hand und schüttelt sie.

»Was kann ich heute für Sie tun?«

Ich seufze laut. »Ich bin bei meinen Recherchen in Kirkwall auf etwas gestoßen. Sagen Ihnen die Initialen S.G. etwas?«

Sie sieht mich fragend an und scheint wirklich einen Moment nachzudenken. »Um ehrlich zu sein, nein. Wo haben Sie die denn gefunden.«

Ich ziehe mir einen Stuhl zurecht und setze mich darauf, strecke die Beine von mir und nehme eine entspannte Haltung an. Ganz so, als wären Mrs Sheffield und ich alte Freundinnen, die sich zu einem Plausch getroffen haben. Sie sieht mich verwirrt an, sagt aber nichts. »Erinnern Sie sich noch an die Taschenuhr auf dem Foto?«

Mrs Sheffield nickt, scheint aber immer noch verwirrt. »Ja, und?«

»Ich habe sie gefunden. Im Polizeiarchiv in Kirkwall. Drüben auf Mainland ist man nicht so zurückhaltend, was diesen Fall betrifft, habe ich den Eindruck«, werfe ich ein. Mrs Sheffields Gesichtsausdruck verfinstert sich bei meiner Anschuldigung. »Jedenfalls gibt es eine Gravur in der Uhr: S.G.«

»Und wie soll ich Ihnen jetzt weiterhelfen?«, fragt sie unwirsch und rückt ihre Brille zurecht.

»Zuerst einmal wüsste ich gerne, warum man auf Fair so ungehalten darauf reagiert, dass ich etwas neugierig bin.« Sie schluckt über meine Offenheit.

»Hier ist niemand ungehalten. Wir mögen nur nicht, wenn man in längst Vergangenem herumwühlt.«

»Ja, das verstehe selbst ich. Wer mag schon, dass seine alten Geschichten wieder aufgewärmt werden. Aber wissen Sie, Fair passiert ja deswegen nichts Schlimmes. Selbst wenn es sich bei Isobels Tod um einen Mord handeln sollte, der Täter ist längst verstorben.« Aber natürlich könnten seine Nachfahren noch immer hier leben und die hätten vielleicht etwas dagegen, dass man ihren Vorfahr als Mörder entlarvt. »Ich würde mir an Ihrer Stelle deswegen keine Sorgen machen. Nur, weil ich ein bisschen mehr über Isobel herausfinden möchte und mich ihre Geschichte interessiert, heißt das ja noch lange nicht, dass ich ihren Mörder entlarven werde.«

Sie lächelt mich provozierend an und beugt sich weiter über den Schreibtisch. »Aber Sie möchten trotzdem wissen, wer S.G. ist?«

»Nur aus Neugier.«

»Leider kann ich Ihnen da aber nicht helfen.«

Ich hole Notizblock und Stift aus meiner Tasche und sehe Mrs Sheffield abwartend an. Sie schluckt nervös. »Ich weiß es wirklich nicht.«

»Sie nicht, aber vielleicht das Einwohnerregister, sagen wir, für die Jahre 1870 bis 1930. Nur um ganz sicher zu gehen.«

Mrs Sheffield schnaubt, erhebt sich aber und kommt wenige Minuten später mit mehreren großen Lederbänden zurück. Ich nehme ihr den schweren Stapel ab und ziehe mich damit an einen Arbeitstisch zurück. Während ich die Bücher durchstöbere, beobachtet mich Mrs Sheffield aufmerksam. Ich lasse mich davon nicht stören, wundere mich nur umso mehr, warum die Leute hier auf Fair nicht daran interessiert sind, dass man herausfindet, wer eine von ihnen getötet hat. Ich notiere mir vier infrage kommende Namen, einer davon ist Scott Green, der laut Eintrag wirklich erst im Juni 1923 nach Fair gezogen ist. Ein Name gehört einer Sarah Gain. Auch sie schließe ich aus. Da man aber nichts zu einhundert Prozent ausschließen sollte, lasse ich den Namen auf der Liste. Die anderen beiden gehören

Männern, wobei Sebastian Garland 1923 schon vierundsiebzig Jahre alt war. Bleibt nur noch Simon Green, Maggies Vater. Bei ihm stellt sich aber wieder die Frage, warum sollte ein Green den Slogan der McGregors mit sich herumschleppen?

»Und, haben Sie etwas gefunden?«, hakt Mrs Sheffield nach, als ich ihr die Bücher auf den Schreibtisch lege.

»In der Tat«, sage ich im Brustton der Überzeugung.

»Und wer ist in den Kreis der Verdächtigen gerutscht?«, will sie neugierig wissen und sieht mich aufmerksam an.

»Sie müssen entschuldigen, aber ich behalte die Namen vorerst für mich. Wir möchten ja niemanden beschuldigen, der nicht schuld ist. Auch wenn diese Personen gar nicht mehr leben.«

»Da haben Sie wohl recht.«

Ich nicke, verabschiede mich mit einem geheimnisvollen Zwinkern und verlasse die frostige Mrs Sheffield. Was die Dame nicht weiß, ist, dass je mehr Sie nicht will, dass ich das Geheimnis aufdecke, desto mehr will ich es unbedingt. Deswegen eile ich zum Castle zurück, um weiter in Isobels Tagebüchern zu lesen. Vielleicht taucht ja doch einer der neuen Namen in einem ihrer Einträge auf und schließt den Kreis nach all dieser Zeit.

Kieran sitzt noch immer hinter seinem Schreibtisch, als ich komme. Er tippt etwas in seinen Computer und sieht auf, als er mich bemerkt. »Du warst unterwegs?«

»Nur im Gemeindehaus. Ich hab nach S.G. gesucht.« Ich setze mich neben ihn auf den Rand des Schreibtisches. Er legt eine Hand auf meinen Oberschenkel und in meinem Magen erwachen flatternd die Schmetterlinge. Ich seufze leise. Seine Hand gleitet nicht weiter nach oben, obwohl ich es mir wünsche. Aber Kieran sieht mich nur ernst an.

»Was ist?«, frage ich.

»Alexandra hat heute Vormittag angerufen.«

»Und was will sie?« Mein Herz zieht sich schmerzhaft zusammen. Wieso bin ich eifersüchtig? Ich habe kein Anrecht auf Kieran McDougal. Wir hatten Spaß. Vielleicht haben wir noch mehr in den nächsten Wochen, solange ich hier bin. Aber mehr wird daraus nicht werden. Er hat eine gescheiterte Ehe hinter sich. Und bei mir ist es nicht viel anders. Wir werden beide noch einige Zeit brauchen, bevor wir wieder an eine feste Beziehung denken. Zumindest ist es das, was ich denke. Aber nicht das, was ich fühle. Obwohl ich noch nicht mal genau sagen kann, was ich fühle. Nur, dass ich mich schon wieder nach ihm verzehre.

»Ich weiß es nicht. Sie wollte hören, wie es mir geht, hat sie gesagt.«

Ich zucke mit den Schultern. »Vielleicht wollte sie das ja wirklich. Ihr wart einige Zeit zusammen. Sie macht sich bestimmt Sorgen.«

»Kann sein. Und was ist mit S.G.?«

»Nicht viel.« Ich erzähle ihm, was ich gefunden habe. Seine Hand liegt die ganze Zeit heiß auf meinem Schenkel, aber er scheint nicht bei der Sache.

Es klopft an der Tür, als ich gerade beschließe, noch etwas in Isobels Tagebüchern zu lesen. Kieran erhebt sich und öffnet einer dunkelhaarigen Schönheit die Tür. Die Frau im kurzen weißen Trenchcoat stürmt freudestrahlend in das Haus, schlingt ihre Arme um Kieran und drückt ihm ihre roten Lippen auf den Mund. Ich schnappe überrascht nach Luft und kämpfe mit einem Felsbrocken auf meiner Brust, als Kieran sie nicht sofort von sich stößt. Er sieht sie verwirrt an und hält sie an den Oberarmen.

»Was machst du denn hier?«

»Man könnte sagen, ich war in der Nähe.« Sie wirft mir einen flüchtigen Blick zu, dann strahlt sie Kieran wieder an und schenkt ihm ihre volle Aufmerksamkeit. Sie hat mich wohl als unwichtig eingestuft. Ich stehe hinter Kieran und beobachte die Szene mit offenem Mund und fühle mich nicht nur überflüssig, sondern ganz so, als wäre ich nicht vorhanden.

Wieder zieht sie seinen Mund auf ihren. *Hallo! Jetzt erwach mal wieder aus deiner Starre,* denke ich nur. Warum lässt er sich von dieser Frau küssen? Sind sie etwa ein Paar und er hat nicht damit gerechnet, dass sie so schnell von wo auch immer zurückkehrt? Mir wird übel. Ich hatte die ganze Nacht unfassbaren Sex mit einem Mann, der eine andere Frau hat. Nicht andere. In dem Fall wäre ich die andere Frau. Ich beiße mir auf die Unterlippe und balle die Hände zu Fäusten. Was soll ich denn jetzt nur tun?

»In der Nähe von Fair?«, fragt er jetzt fassungslos und schiebt sie endlich auf Abstand. Sie dreht sich zur Tür um und holt ihren Rollkoffer in das Haus. Sie bewegt sich so fließend und vornehm. Und sie wirkt auch so vornehm. Sie sieht mich aus grünen Augen wieder musternd an und kneift abfällig die vollen Lippen zusammen. Ja, gegen diese Frau wirke ich allerdings wie ein Niemand. Unscheinbar. Und das ärgert mich gerade sehr. Ich könnte mir durchaus auch so teure und edle Kleidung leisten, aber ich habe nie einen Sinn darin gesehen, überteuerte Designerklamotten zu kaufen. Im Augenblick empfinde ich das als Fehler. »In der Nähe von Fair gibt es nur Wasser!«

»Nun ja, du weißt schon. In der Nähe ist ein weitläufiger Begriff für *ich wollte dich sehen*«, sage ich aus dem Hintergrund. Sie sieht mich missgünstig an und hakt sich bei Kieran ein, der sich jetzt zu mir umwendet.

»Das ist Jenna. Eine Freundin von Cassy.«

»Cassy, deine Cousine Cassy?«, fragt sie und ihre Stimme tropft vor Hass. Da kann wohl jemand Cassy nicht leiden. Ich hoffe, das beruht auf Gegenseitigkeit. Denn ich hasse sie schon jetzt und das passiert mir sehr selten, dass ich jemanden schon nach wenigen Sekunden nicht mag. Fehlt nur noch, dass sie Cassys Geschmack anzweifelt. »Cassy hatte noch nie den besten Geschmack, was ihren Umgang betraf.«

Ich schnappe nach Luft und sehe Kieran verzweifelt an, doch der wirkt noch immer irgendwie überfahren. Also muss ich meine Ehre wohl ohne ihn verteidigen. Wo ist nur plötzlich seine Dominanz hin? »Scheinbar hat Cassy einen besseren als Kieran.«

»Das mag ich bezweifeln, schließlich ist der Mann mit mir verheiratet. Und was genau machen Sie hier noch einmal?«

Mein Kinn klappt auf meine Brust, unter der mein Herz auf die Größe einer Walnuss zusammenschrumpft. Er ist verheiratet? War seine Scheidung nur eine Lüge, um mich ins Bett zu bekommen? Ich bin für einen Moment sprachlos. Ich muss etwas entgegnen. Das kann ich unmöglich auf mir sitzen lassen, aber ich kann auch nicht einfach herausposaunen, dass ihr geliebter Ehemann mich die ganze Nacht durchgevögelt hat. Warum kann ich das eigentlich nicht? Schließlich hätte er es verdient.

»Ich wohne hier für die nächsten Monate. Ich bin nämlich obdachlos, müssen Sie wissen. Und dieser nette ältere Herr war so lieb und hat mir Obdach geboten.«

Sie mustert mich wieder von oben bis unten und rümpft die Nase. »Ja, Kierans weiches Herz war schon immer ein Problem.«

»Was willst du hier?«, platzt Kieran plötzlich heraus und sieht die Hexe an seinem Arm ernst an.

Sie sieht zu ihm auf und schaut ihn mit flatternden Wimpern an. Dabei streicht eine Hand über seine Brust. Sie lehnt sich gegen ihn und zieht einen Schmollmund, der selbst mich weich werden lässt. »Ich dachte, wir vertragen uns und haben ein bisschen Versöhnungssex. Den magst du doch am liebsten.«

Kieran schiebt sie von sich und ich kapiere gar nichts mehr. Aber etwas Popcorn wäre gerade genau das Richtige. Fassen wir nochmal zusammen. Die Dame ist seine Ehefrau. Von der Scheidung scheint nur er zu wissen. Wahrscheinlich ist die Scheidung sogar eine Erfindung. Eine Masche, um dumme, einfältige, unattraktive Frauen in sein Bett zu bekommen. Denn dieses Bett hat er seit einiger Zeit nicht mehr mit seiner Frau geteilt, weil die wohl woanders war. Das Traumpaar scheint kurzfristig getrennt gewesen zu sein. Und ich sollte wohl sofort die Stufen hinaufrennen und meine Sachen packen und hier verschwinden.

»Versöhnungssex?« Oh, jetzt sieht Kieran aber zornig aus. Er sieht mich an, sein Gesicht ist dunkelrot. Er ist doch wohl nicht wütend auf mich. Ich mache einen Schritt zurück. Kieran schnappt nach meinem Arm und zieht mich an seine Seite.

»Auf keinen Fall darf sie mitmachen. Nur du und dein Alexandramäuschen«, säuselt sie. Ah, Alexandra. Hätte ich mir denken können.

Kieran schiebt sie wieder auf Abstand. Dann sieht er mich ernst an. »Behandel meine Frau nicht so herablassend.«

»Was?«, keife ich. Ich kann es nicht fassen. »Aber ich hab ihr doch ...« Kieran verschließt meinen Mund mit einem Kuss. Ich bin gewillt, mich diesem Kuss hinzugeben, aber das wäre falsch. So falsch! Ich stoße ihn von mir und er grinst mich mit diesem Bad Boy-Grinsen an, das mich erzittern lässt. Was zur Hölle ist hier eigentlich los?

»Du küsst sie?«, keift Alexandra und erdolcht mich mit Blicken.

»Natürlich, sie ist meine Frau. Wir sind verheiratet.« Kann mein Mund noch weiter aufklappen? Ich bin seine Frau? Was habe ich verpasst? Wie kommt er darauf, so etwas zu erzählen? Doch dann sehe ich den fassungslosen Blick von Alexandra, die unter extremer Schnappatmung leidet, und fühle mich gleich viel besser. Wenn er ihr glauben machen will, dass ich seine Frau bin, um sie loszuwerden, dann spiele ich natürlich mit. Bin ja keine Spaßbremse.

»Wie er sagt«, stimme ich zu und zeige mit dem Daumen auf Kieran, der mich noch enger an seine Seite zieht.

»Das glaube ich nicht«, sagt Alexandra mit quietschender Stimme. »Wenn du wieder geheiratet hättest, dann wären die Klatschblätter voll davon.« Sie klammert sich an den Griff ihres Rollis. Ich bin sicher, sie kippt jeden Moment um. Ich hefte meinen Blick auf sie. Davon will ich keine Sekunde verpassen. Diesen Anblick will ich für alle Ewigkeit in mein Gedächtnis brennen.

»Du weißt doch, was auf Fair passiert, bleibt auf Fair.«

»Wann?«, fragt sie.

»Erst gestern«, sagt Kieran und seine Finger streichen über die nackte Haut meines Oberarms. Ich muss ein Seufzen unterdrücken und wünsche mir, dass diese Hexe endlich verschwindet. Sie kneift ungläubig die Augen zusammen, doch wir sehen sie beide voller Ernsthaftigkeit an. Ich bin so erleichtert, dass Kieran sich nun doch auf meine Seite schlägt und dieser eingebildeten Ziege die sexy kalte Schulter zeigt. Dafür würde ich ihn am liebsten sofort die Stufen hoch zerren und mit ihm ein bisschen Spielen.

»Deine Mutter wird begeistert sein.« Sie sieht noch immer ungläubig aus. Aber da sind auch Zweifel. Und ihr linkes Lid zuckt nervös.

»Wird sie?«, frage ich Kieran, der ratlos mit den Schultern zuckt.

»Mit ihr beschäftige ich mich, wenn es soweit ist.«

In dem Moment klopft es an der Tür. Ich zucke zusammen. Auf Alexandras Gesicht tritt ein breites Lächeln, das mir einen Schauer über den Rücken jagt.

»Dann ist ja gut, dass ich sie mitgebracht habe.« Sie geht zur Tür und öffnet einer großen, rundlichen älteren Frau. Dass sie schon älter ist, sieht man nur an den Falten in ihrem Gesicht, denn ihr Kleidungsstil und auch der blonde Bob lassen sie jünger aussehen. Sie trägt einen schwarzen Mantel, der offen klafft. Darunter trägt sie hohe schwarze Stiefel, einen eng anliegenden Rock und eine dezent gemusterte Bluse.

»Mein Sohn!«, ruft sie glücklich aus, als sie Kieran sieht.

»Mutter«, sagt er gedehnt und wirkt kein bisschen glücklich. Sein zorniger Blick trifft Alexandra. Kierans Mutter küsst ihn auf die Wange, dann sieht sie mich mit gerunzelter Stirn an und kommentiert unsere miteinander verschränkten Hände mit einem Schnauben.

»Giselle«, sagt Alexandra mit vor Kälte klirrender Stimme. »Darf ich dir deine neue Schwiegertochter vorstellen?«

Sie sieht mich verwirrt an, dabei hat sie den gleichen vor Abscheu triefenden Blick wie Alexandra kurz zuvor. »Deine Frau?«, will sie von Kieran wissen. Sein Aussehen muss er von seinem Vater haben. Nur die Augen scheint er von seiner Mutter geerbt zu haben. Ansonsten weisen ihre Gesichtszüge kaum Ähnlichkeit mit denen von Kieran auf. Was auch daran liegen kann, dass seine Gesichtszüge eher düster arrogant sind, während die seiner Mutter zynisch und herablassend wirken.

Ich hole Luft, um die Sache richtigzustellen. Alexandra anzulügen fand ich noch okay, aber seine Mutter können wir unmöglich anlügen. Das ist einfach nicht richtig. Kieran drückt meine Hand und hält mich auf, bevor ich auch nur einen Ton herausbringe.

»Mutter, meine Frau Jenna.«

Sie schnaubt. »Wo habt ihr geheiratet?«

»Auf Mull Heat.«

Seine Mutter sieht mich an, dann schluckt sie. »Das erklärt Einiges«, sagt sie nur abweisend. »Ich hoffe, du hast nichts dagegen, wenn wir über Nacht bleiben. Der Charterflug geht erst morgen wieder. Ob deine Frau wohl dazu in der Lage ist uns Tee zu kochen? Mir ist kalt und man bekommt hier ja kein Taxi.«

»Warum habt ihr denn nicht angerufen, dann hätte ich euch abholen können am Flughafen.«

»Hättest du?«, frage ich. Ich kann mich noch zu genau erinnern, dass er mich hat den ganzen Weg bei strömenden Regen laufen lassen.

»Wir haben dich angerufen.«

Kieran zwinkert mir zu und ich kneife zornig die Augen zusammen. Ich kann einfach nicht fassen, dass er mich zwingt, seine Mutter zu belügen. Auch wenn sie genauso eingebildet erscheint wie Alexandra. Aber seine Mutter zu belügen geht einfach nicht. Das tut man nicht. Okay, manchmal schon. Aber nicht in so einem Fall. Darüber werde ich mit ihm reden müssen, sobald wir allein sind.

»Oh, ihr meint den Anruf heute Morgen von Alexandra? Hattest du da erwähnt, dass ihr kommen wollt? Ich kann mich nicht erinnern. Du hast die ganze Zeit nur von dir gesprochen. Und da du lang genug mit mir verheiratet warst, solltest du wissen, dass mein Verstand sich nach zwei Sätzen ausklinkt, wenn es um dich geht.«

Ich unterdrücke ein Kichern. Kierans Mutter wirft mir einen mahnenden Blick zu und Alexandra läuft rot an. Beide Frauen sehen richtig wütend aus. Und ein bisschen so als wollten sie mich jeden Moment verspeisen. »Ich gehe dann mal in die Küche und schaue, ob ich es hinbekomme, Wasser zu kochen.«

»Liebling, ich helfe dir dabei. Wasser kochen könnte dich überfordern«, meint Kieran grinsend und folgt mir. »Ihr könnt ja schon mal im Wohnzimmer Platz nehmen. Im Kamin brennt Feuer. Oh, und ignoriert die Decken und Kissen und den Sekt vor dem Kamin. Ich habe euch nicht erwartet.« Ich sehe verwundert zu Kieran auf und überhöre das entrüstete Schnauben, das uns hinterher geschickt wird. Kieran zieht mich in die Küche und drückt mich gegen die Tür. Ich stoße ihn wütend weg.

»Was denkst du dir dabei? Du kannst deiner Mutter doch nicht erzählen, wir wären verheiratet. Obwohl es lustig war, als wir es deiner Exfrau erzählt haben.«

»Sei nicht sauer, Liebling.«

»Sag nicht Liebling zu mir, wir kennen uns kaum«, flüstere ich aufgebracht. Ich gehe um Kieran herum und mache den Gasherd an. Ich lasse Wasser in einen Teekessel und stelle ihn auf die Flamme.

»Was hat deine Mutter dir angetan, dass du ihr so was antust?«

»Sie hat sich mit meiner Ex verschworen, weil ich die Firma verkauft und mich hier niedergelassen habe. Was heißt, sie haben ihren Geldspender nicht mehr in der Nähe.«

Ich mustere Kieran fassungslos. »Deine Mutter unterstützt also, was deine Ex dir angetan hat?« Meine Mutter würde nie gut heißen, was Bill getan hat. Ihr habe ich nur nicht die Wahrheit gesagt, weil ein Teil von mir vielleicht doch noch nicht abgeschlossen hatte mit Bill. Das ist seit gestern Nacht anders. Weil ich jetzt weiß, dass es da draußen etwas gibt, das so intensiv und wundervoll sein kann, wie das, was ich mit Kieran hatte.

»Unterstützen nicht, aber sie fände es gut, mich wieder in Alexandras Händen zu wissen, dann würde ich nämlich nicht hier leben, weil Alexandra Fair hasst. Sie will Luxus und Großstadt und High Society.«

»Oberflächliche Schlampe«, sage ich.

Kieran brummt zustimmend.

»Aber wir müssen deiner Mutter trotzdem die Wahrheit sagen. Also, du musst das. Demnächst, am Telefon. Wenn die Beiden weit weg von hier sind«, sage ich. »Und ich hasse dich, weil du mich zwingst zu lügen.«

Kieran kommt langsam näher und lächelt mich wölfisch an. Ich weiß genau, was er plant. Und er weiß genau, dass ich ihm unmöglich widerstehen kann. Mein Magen flattert und mein Puls fängt an zu rasen. Hitze fließt durch meine Adern. Er bleibt dicht vor mir stehen und ich fühle mich wie ein Kaninchen im Fuchsbau.

»Auf gar keinen Fall!«, keuche ich atemlos. Kieran grinst noch breiter. Meine Hände legen sich auf seine Brust. Ich kann nicht anders, ich muss ihn küssen. Hinter mir zerreißt ein schrilles Pfeifen die Stille. Gerade noch einmal gerettet. Ich schiebe ihn von mir und kümmere mich um den Tee. Ich drücke ihm ein Tablett in die Hand und schiebe ihn aus der Küche.

»Aber da fehlt eine Tasse«, sagt er protestierend.

»Ich weiß. Ich bin raus aus deiner Teeparty«, sage ich und sprinte die Stufen nach oben. In meinem Zimmer steht ein Trolli und neben dem Trolli steht eine zufrieden grinsende Alexandra.

»Du schläfst gar nicht in seinem Bett?«

Ich unterdrücke das Luft schnappen, als mir klar wird, dass sie mich ertappt hat. Ich setze ein falsches Lächeln auf und gehe um die dunkelhaarige Schlange herum. »Oh, das? Ich kann in dem anderen Zimmer nicht schlafen. Ich bin überzeugte Zen-Gläubige. Und in Kierans Zimmer stimmen die Energien nicht. Also schlafen wir beide hier, bis meine Zenmeisterin Kierans Zimmer von den negativen Strömungen befreit hat.«

»Zen?«, sagt sie ungläubig. »Ich glaube euch kein Wort. Ihr tragt ja nicht einmal Ringe.«

»Ringe? Oh, bei der Göttin! Das geht gar nicht. Ich bin Heidin. Wir knüpfen unsere Ehe nicht an so oberflächlichen Kram wie Schmuck. Du willst mich wohl beleidigen?« Ich bin die schlechteste Lügnerin der Welt, wusstet ihr das schon? Ich sehe Alexandra offen an und versuche, so ernst wie möglich zu wirken.

»Du hältst mich wohl für dumm?«

Ja, tue ich. »Nein, wie kommst du nur darauf?«

»Ich glaube euch jedenfalls nicht.«

Mist! Mist! Mist! Ich brauch einen Einfall und zwar schnell. Ich sammle die Tagebücher und meine Notizen zusammen, um mir Zeit für eine Antwort zu geben. »Er hat eine Narbe. Genau hier am Oberschenkel. Und er steht darauf, wenn ich diese Stelle mit der Zunge kitzle«, sage ich hastig und zeige auf meinen rechten Oberschenkel, dorthin, wo das Bein auf den Körper trifft. »Er hat sich beim Schnitzen als Kind dort mit dem Taschenmesser geschnitten.« Das muss sie mir einfach glauben, woher sollte ich davon wissen, wenn nicht, weil wir Sex hatten. Ich möchte mich ungern als Lügnerin entlarven lassen. Und schon gar nicht von dieser selbstverliebten Ziege.

Alexandra kneift die Lippen zusammen und funkelt mich zornig an. Gewonnen, denke ich erleichtert. Ich wedele mit meinen Notizen herum. Gut, dass wir letzte Nacht nicht nur Sex hatten, sondern auch ... andere Dinge gemacht haben. Wie unsere Körper zu erforschen und über seine Narbe zu sprechen. Und sein Tattoo. Und ... »Wenn es dir nichts ausmacht, ich habe zu tun.«

»Willst du deinem Tagebuch von dem glücklichen einen Mal berichten, da Kieran dich beachtet hat?«

»Nein, ich will meinem Tagebuch von dem glücklichen einen Mal berichten, da Kieran mich geheiratet hat.« Ich scheuche sie mit wedelnden Händen aus meinem Zimmer. Ich will sie nicht noch eine Minute länger ertragen müssen, denn viel mehr Selbsthass kann ich nicht ertragen. Und sie bringt mich dazu, mich selbst zu hassen, weil ich niemals so sein werde wie sie. Da sie aber Kierans echte Frau war, ist eine Frau wie sie wohl das, was er eigentlich will. Aber eigentlich sollte mir das egal sein, denn Kieran und ich haben nur Sex, mehr nicht.

Frustriert lege ich mich auf mein Bett. Ich werde heute dieses Zimmer nicht mehr verlassen. Soll Kieran sich doch selber mit seinen Gästen herumschlagen. Verdammt! Dabei hatte mein Körper Pläne. Und Kieran hatte auch welche. Mit Sekt und Kissen. Stattdessen sitzt er jetzt unten bei Tee mit seiner überdurchschnittlich attraktiven Exfrau, die bestimmt nichts unversucht lassen wird, um ihn zurückzubekommen. *Hallo! Vergiss nicht, er gehört dir nicht mal, Jenna Summers. Ihr hattet unverbindlichen Sex. So was haben Erwachsene hin und wieder.* Aber ich eben nicht. Ich hatte eine Nacht mit diesem Mann und habe Gefühle, die ich nicht empfinden sollte.

Ich nehme Isobels Tagebuch und blättere zum nächsten Tag.

25. Juni 1923

Ich habe ihn gesehen! Und wir haben uns sogar unterhalten. Er ist so wundervoll. Wenn er mich anlächelt, schlägt mein Herz schneller. Wir haben uns über alles Mögliche unterhalten. Er liest gerne Abenteuerromane. Ich lese auch gerne, aber viel lieber Jane Austen. Er wandert gerne in den Bergen. Ich beobachte gerne Vögel und Schmetterlinge und interessiere mich für Botanik. Scott liegt gerne bei Nacht unter den Sternen. Er kennt Sternenbilder und ihre Geschichten. Er ist so klug und gebildet und trotzdem ist er Hirte, weil ihn das glücklich macht. Weil er den Tag mit Tieren in der Natur verbringen kann. Er zeichnet gerne, während er die Schafe hütet. Er hat mich gezeichnet und ich glaube, er hat mich schöner gezeichnet, als ich wirklich bin. Jedenfalls finde ich nicht, dass ich so schön aussehe, wie er mich sieht. Morgen Nachmittag werde ich ihn wieder aufsuchen und uns Kuchen und Tee mitnehmen. Ich bin so aufgeregt, dass es in meinem Bauch die ganze Zeit flattert. Ich glaube, ich habe etwas übrig für Scott Green.

6. Kapitel

Ich liege noch immer wach, als sich meine Zimmertür leise öffnet. Sofort rechne ich mit einem Mordanschlag durch Alexandra. Ich richte mich auf, die Fäuste abwehrend vor meinem Gesicht, aber es ist Kieran, der schmunzelnd mein Zimmer betritt.

»Was willst du hier?«

»Schmollst du noch immer?«

»Ja!«, sage ich betont genervt.

Kieran setzt sich auf den Rand meines Bettes und streift seine Schuhe ab.

»Was tust du da?«, will ich mit weit aufgerissenen Augen und hämmerndem Herzen wissen.

»Mit meiner Ehefrau schlafen.« Er wackelt zufrieden mit den Augenbrauen. Seine Haare sind verwuschelt, er wirkt erschöpft.

»Ich bin nicht deine Ehefrau.«

Er sieht mich vorwurfsvoll an und schiebt eine Hand unter meine Decke, unter der ich nur mit Shirt und Höschen bekleidet bin. »Bist du doch.«

»Nur, weil deine Exfrau und deine Mutter das glauben, entspricht das nicht der Wahrheit. Du wirst nicht bei mir schlafen.«

»Habe ich letzte Nacht aber auch schon.«

»Letzte Nacht war etwas anderes. Da musste ich noch keine arme ältere Frau für dich belügen.« Ich bin entschlossen, die Wärme seiner Hand auf meiner nackten Haut zu ignorieren. Aber sie arbeitet sich knisternd durch meinen Körper und erhitzt sehnsüchtig verlangende Regionen. Doch so leicht kommt er mir nicht davon. »Du hast dein eigenes Bett. Also husch, raus!« Ich schiebe seine Hand von meinem Bein, leider macht mir das keine Freude.

»In meinem Bett liegt meine Ex. Willst du wirklich, dass ich mich zu ihr lege?«

Mein Herz macht einen Satz und innerlich schüttelt es mich bei der Vorstellung, dass diese hässlichen langen roten Krallen den wundervollen Körper von Kieran berühren. Aber wenn ich ihn in meinem Bett schlafen lasse, dann werde ich nicht widerstehen können. Dann wird mein Körper mich Dinge tun lassen, die ich absolut nicht gut heißen kann. »Du kannst auf dem Boden schlafen.«

Er hockt sich neben mich auf das Bett und schaut mich lüstern an. »Diese Diskussion hatten wir schon und du weißt, dass du nicht gewinnen kannst. Ich werde hier bei dir schlafen, weil ich genau das tun will. In dir sein!«

»Oh nein!«, winke ich ab und rücke von Kieran weg.

Kieran lächelt mich listig an und beugt sich über mich. »Sie denken, dass wir frisch verheiratet sind. Wie sieht es denn aus, wenn sie sehen, dass ich auf dem Boden liege?«

»Okay, da hast du recht. Du darfst hier schlafen, aber nur, weil ich nicht schuld an der Enttäuschung in Alexandras Augen sein will, wenn sie doch heimlich einen Blick in mein Zimmer wirft. Aber kein Anfassen.«

Kieran schiebt sich weiter über mich und grinst wölfisch. Er leckt sich über die Lippen und ich erschauere. Meine Nerven vibrieren, so sehr möchte ich nachgeben. Aber ich darf es nicht. Ich muss die Oberhand behalten, um diesem Neandertaler zu zeigen, dass er nicht die Macht hat. Und dass ich nicht springe, wenn er mir mit seinem sexy Knurren etwas befiehlt.

»Das wird nicht reichen«, flüstert er rau und ich kann seine Erektion an meinem Oberschenkel spüren. »Welches frisch verheiratete Paar hat denn keinen Sex? Sie werden denken, wir würden uns nicht richtig begehren. Dabei stimmt das nicht. Ich begehre dich sehr.« Er blickt zwischen unsere Körper und ich schnappe nach Luft. Seine Hose steht offen und die Spitze seines harten Penis lugt aus dem Bund seiner Boxershort und begrüßt mich verführerisch. Ich schlucke trocken. Das ist zu viel! Stöhnend werfe ich mich in mein Kissen.

»Lass mich das klären«, sage ich entschlossen. In Kierans Augen blitzt es. »So meinte ich das nicht.« Ich hebe einen Arm und schiebe ihn von mir runter, dann fange ich laut an zu stöhnen. »Oh ja! Kieran. Ja! Oh, fester. Noch fester. Ja! Ja!«

Kieran sieht mich mit weit aufgerissenen Augen an. Ich zucke mit den Schultern.

»Das war ein vorgetäuschter Orgasmus. Ich bin Profi«, sage ich locker.

Frustriert legt er sich neben mich. »Du bist Profi im Vortäuschen von Orgasmen?«

»Ja, Bill war nicht gerade ein Könner im Bett.«

Kieran dreht sich auf die Seite und mustert mich traurig. »Waren die von letzter Nacht auch alle nicht echt?« Hitze schießt in mein Gesicht.

»Die waren echt.«

»Was spricht dann heute gegen einen echten?« Seine Hand legt sich an meine Wange. Sein Daumen streicht über meine Unterlippe und sein Blick verbrennt mich zu Asche. Ein Zittern rollt durch meinen Körper und ich kann seinem Blick nicht mehr ausweichen. Er hat mich gefangen genommen mit einem einzigen Blick aus diesen Augen. Mein Atem beschleunigt sich und verrät mich. Kieran lächelt zufrieden, schiebt sich wieder über mich und erobert mich in einem zärtlichen Kuss. Ergeben lege ich meine Hände auf seine Brust und lasse sie langsam um seinen Nacken wandern. Ich schiebe meine Finger in sein Haar und seufze leise, als seine Zunge auf meine trifft. Seine Lippen sind weich und warm. Seine Zähne knabbern an meiner Unterlippe.

Ich zerre am Saum seines Shirts, will endlich seine nackte Haut berühren. Sein Mund verzieht sich an meinem zu einem Lächeln. »Ich muss nur dieses leise Seufzen hören und ich kann mich kaum noch kontrollieren«, flüstert er. Er küsst zärtlich meinen Hals und leckt über meinen Puls. Ich dränge mich an ihn, möchte ihn noch enger an mich ziehen. Ich will ihn so sehr, dass es mir Angst macht. In mir wütet ein Orkan. Ich verzehre mich nach ihm. Kieran gibt endlich nach und zerrt sich ungeduldig das Shirt über den Kopf. Seine Hose reißt er sofort danach von seinem Körper. Gierig lege ich meine Hände auf seine Brust, streichle ihn, erkunde seinen Oberkörper. Kieran stöhnt auf, als ich mich nach vorne beuge, um meine Zunge um seine Brustwarze kreisen zu lassen. Er unterbricht mich mit brennenden Augen und schält mich aus meinem Shirt. Als er sieht, dass ich keinen BH trage, leuchten seine Augen auf. Gierig stürzt er sich auf meine Brüste. Knabbert und saugt an der einen, während er die andere massiert. Stöhnend hebe ich ihm meinen Oberkörper entgegen. Meine Nerven vibrieren. Hitze rollt durch meinen Körper.

Kieran sieht mich an. Seine Hand streicht an meinen Rippen nach unten, streichelt über meinen Bauch. In meinem Unterleib zieht es vor Verlangen. Unser beider erregter Atem erfüllt den Raum. Ich reibe meine Nase an Kierans Hals, lecke das Salz von seiner Haut. Seine Arme umschlingen mich, heben mich auf seinen Schoß. Ich drücke meinen Körper ganz fest gegen seinen. Fühle seine Hitze, sein hämmerndes Herz. Seine Hände streichen über meinen Rücken und seine Erektion drückt gegen meinen Unterleib. Ich lasse mich zurückfallen, lehne mich gegen seine Umarmung und reibe mich gierig an seiner Härte. Sein lautes Stöhnen schallt durch das Zimmer. Eine Sekunde zucke ich erschrocken zusammen, weil ich an Kierans Mutter und Exfrau denken muss. Doch dann legt sich eine Hand in das Tal zwischen meinen Brüsten, schiebt sich langsam nach oben, umklammert meine Schulter. Sein Daumen bleibt in der kleinen Kuhle unterhalb meiner Kehle liegen, streichelt meine entblößte Kehle.

Ich reibe mich wieder an ihm. Mein Unterleib entflammt. Blitze durchzucken mich und das Pulsieren zwischen meinen Schenkeln scheint sich in meinem ganzen Körper auszubreiten. Kieran legt mich zurück auf die Matratze. Ich umschlinge ihn mit meinen Beinen. Seine Hände schieben sich unter meinen Hintern, heben mich an und zerreißen den dünnen Seidenstoff meines Slips. Ich keuche erschrocken auf. Kieran lacht leise und hebt meinen Unterleib noch höher. Bis an seinen Mund. Ich stoße einen Schrei aus, als Kierans Zunge auf meine zuckende Klitoris stößt. Kierans Lachen vibriert zwischen meinen Beinen. Dann streicht er wieder über meine empfindlichste Stelle. Umkreist sie mit seiner Zunge, saugt sie zwischen seine Lippen. Die Anspannung baut sich schmerzhaft in mir auf. Ich kann nur noch stöhnen. Schreie seinen Namen. Alexandra und Giselle habe ich längst vergessen. Es gibt nur Kieran und mich und den Höhepunkt, der immer näher rückt. Kurz bevor ich komme, lässt Kieran mich fallen, wirft mich mit Schwung auf den Bauch. Ich wimmere enttäuscht, weil der Orgasmus noch immer in mir schwebt. Nur einen Schubs noch und ich komme.

Kieran drückt meinen Oberkörper auf die Matratze und zieht mein Becken nach oben. Seine Hand hält mich auf dem Bett fest. Ich spüre seine Spitze an meinem Eingang.

»Bitte«, flehe ich wahnsinnig vor Lust. Ich schiebe ihm meinen Hintern entgegen.

»Dein Arsch ist unglaublich scharf«, stöhnt er. Er stößt kraftvoll in mich. Ich schreie auf, als sein Penis gegen meine innere Barriere stößt. Schmerz vermischt sich mit Lust. Er zieht sich langsam zurück und stößt schnell wieder zu. Ich kann mich nicht bewegen, so wie er mich hält. Bin ihm wehrlos ausgeliefert. Er steigert das Tempo und mit ihm die Lust. Die Anspannung baut sich wieder in mir auf. Ich habe mich noch nie so ausgeliefert gefühlt. Und das törnt mich an. Ich will mehr. Keuchend flehe ich ihn an.

»Kieran! Schneller!«

Er stößt noch schneller, noch kräftiger in mich. Steigert den süßen Schmerz und die Anspannung, bis es mich zerreißt und ich mit einem lauten Schrei komme. Kierans Hand an meiner Schulter verkrampft sich, er stößt noch einmal in mich und brüllt meinen Namen, als er sich zuckend in mir ergießt. Ich breche schnaufend unter ihm zusammen. Kieran bleibt auf meinem Körper liegen. Sein Atem weht heiß in meinen Nacken und ich kann sein hämmerndes Herz spüren. »Das war Sex, den sie uns glauben«, flüstert er. »Verdammt, Liebling. Dich zu nehmen, fühlt sich an wie ein heißer Höllentrip.« Er zieht sich langsam aus mir raus und legt sich neben mich. Dann zieht er mich mit dem Rücken gegen seine Brust und deckt mich zu.

»Von dir genommen zu werden, fühlt sich an wie ein Trip in den Himmel«, sage ich mit zitternder Stimme. »Ich werde deiner Mutter morgen früh nicht in die Augen sehen können.«

»Vielleicht haben wir Glück und sie sind verschwunden, bevor ich dich aus dem Bett lasse.«

»Das wäre wünschenswert, aber ich bezweifle, dass wir sie so schnell loswerden.« Ich drehe mich in Kierans Armen um und lege mein Kinn auf seine Brust. Ich versinke in seinen faszinierenden Augen. Er lächelt mich an.

»Wie willst du deiner Mutter erklären, dass wir doch nicht verheiratet sind? Irgendwann wirst du ihr die Wahrheit sagen müssen.«

»Ich werde sie einfach in dem Glauben lassen. Sie meldet sich ohnehin nur bei mir, wenn sie Geld braucht. Das ist auch der einzige Grund, warum sie sich mit Alexandra zusammengetan hat.«

»Das tut mir leid«, sage ich traurig. »Nicht einmal ein Neandertaler wie du hat so eine Familie verdient.«

»Wie sieht es mit deiner aus?«

»Meine Mutter ist kompliziert. Sie macht aus einer Mücke einen Elefanten. Sie konnte Bill nie leiden, aber dass die Hochzeit ins Wasser fällt, wird für sie ein unnötig peinlicher Skandal sein. Meinen Vater kenne ich nicht, aber er hat meine Mutter sitzen lassen. Deswegen könnte es sein, dass sie mir, nachdem sie sich von der Peinlichkeit erholt hat, sogar verzeiht.«

»Aber du kannst ja nichts dafür, dass er dich betrogen hat.«

»Vielleicht kann ich es doch«, sage ich. Vielleicht hat er sich einer anderen Frau zugewendet, weil er in mir nie diese Gefühle auslösen konnte, die Kieran in mir auslöst, wenn er mich berührt. Vielleicht hat er es gemerkt und mich deswegen verlassen.

»Du bist wundervoll. Manchmal etwas schlecht gelaunt. Aber ich kann mir nicht vorstellen, dass irgendein Mann dich nicht zu schätzen wüsste.«

Ich ziehe zweifelnd eine Augenbraue hoch. »Wir hatten eben Sex. Dein Verstand funktioniert noch nicht richtig.«

Sein Brustkorb bebt, als er anfängt zu lachen. »Dann wird er wohl noch eine Weile nicht funktionieren, denn ich habe vor noch viele Male mit meiner Ehefrau Sex zu haben.«

»Ich hoffe, diese Ehefrau erfährt nicht, dass du auch Sex mit mir hast.«

Der leichte Schmerz zwischen meinen Schenkeln, der jeden Schritt begleitet, erinnert mich an jede Minute der letzten Nacht. Kieran kann buchstäblich nicht die Hände von mir lassen. Und ich kann meine nicht von ihm lassen. Das ist eine neue aber auch gefährliche Erfahrung für mich, da ich weiß, dass meine Zeit mit ihm begrenzt ist und ich mich davor fürchte, dass ich mich zu sehr an ihn gewöhne. Schon jetzt bekomme ich diesen Mann kaum aus meinem Kopf. Diese lästigen Schmetterlinge in meinem Magen scheinen sich auf Dauer eingenistet zu haben. Sie flattern und flattern und hören einfach nicht auf. Erschöpft, müde, aber herrlich entspannt schlürfe ich in Shirt und Jogginghose in die Küche. Ich brauche Koffein. Einen Liter davon!

Ich stoße die Tür auf, die nur angelehnt ist, und erstarre. Alexandra und Giselle sitzen am Tisch und funkeln mich aus hasserfüllten Augen an. Der aromatische Duft von Kaffee liegt in der Luft und ich fange an zu zittern vor Sehnsucht. Aber um an den Kaffee zu kommen, muss ich an diesen beiden Drachen vorbei. Und ihren Blicken nach zu urteilen, würde ich diesen fatalen Fehler nicht überleben. In meinem Hals bildet sich ein Kloß von der Größe von Big Ben. Aber ich war schon immer ungern eine Verliererin, also reiße ich mich zusammen, murmele ein freundliches guten Morgen und betrete die Küche. Von Alexandra kommt ein giftiges Schnauben und Giselle begnügt sich mit einem abfälligen Blick auf meine Kleidung.

Ich gehe zur Kaffeemaschine, nehme mir einen großen Kaffeepott aus dem Schrank und schenke mir ein. Giselle und Alexandra essen ihre pochierten Eier und trinken aus kleinen vornehmen Tassen, die natürlich auf passenden Untertassen stehen. Auf ihren Oberschenkeln liegen weiße Stoffservietten. Eine ältere Dame kommt in die Küche, bleibt kurz stehen, mustert mich, lächelt dann und wirft einen genervten Blick auf Kierans andere beiden Gäste. Sie öffnet den Geschirrspüler und stellt eine Schüssel hinein. Ich vermute, sie ist Kierans unsichtbarer Engel. Ich hatte mich schon gefragt, ob es seine Haushälterin überhaupt gibt.

»Setzen Sie sich doch zu uns«, sagt Giselle mit schneidender Stimme. Eigentlich habe ich keine Lust, mich zu den Drachen zu setzen, aber ich will auch nicht unhöflich sein, also setze ich mich an die Stirnseite des Tisches. So weit wie möglich von der Inquisition entfernt.

»Sie sind also mit meinem Sohn verheiratet?«

Ich nicke und trinke von meinem Kaffee, um meine Unsicherheit hinter der Tasse zu verbergen. Warum bin ich nur auf die Idee gekommen, Kieran schlafen zu lassen? Wenn ich ihn geweckt hätte, dann müsste ich mich diesen Frauen jetzt nicht allein stellen. Die Temperatur in dieser Küche scheint mit einem Winter in Sibirien konkurrieren zu wollen.

»Wie kommt es, dass ich davon nichts weiß. Er hat Sie nicht einmal erwähnt, wenn wir telefoniert haben.«

Ich rolle innerlich mit den Augen. Was soll ich darauf antworten? Alexandra grinst mich unverfroren an. Wenn ich diese Sache überstehen will, ohne dass Kierans Lüge auffällt, dann muss ich weiter lügen. Und weder bin ich besonders kreativ beim Lügen noch besonders geschickt.

»Es war nicht Liebe auf den ersten Blick. Genau genommen, habe ich ihn für einen Neandertaler gehalten, aber er hat es geschafft, mir zu zeigen, dass er eine Menge liebenswerte Talente hat. Und wir wollten Presserummel vermeiden, also haben wir es heimlich getan.« Das war nicht wirklich eine Lüge und so nahe an der Wahrheit, wie es nur ging. Damit kann ich also gut leben und hoffentlich konnte ich damit auch die zwei Drachen überzeugen. Ich werde Kieran umbringen, sobald wir wieder allein sind.

»Jedenfalls haben Sie keinen guten Einfluss auf meinen Sohn.«

Ich schnappe entrüstet nach Luft. »Was?«

»Früher hätte er mich nicht dabei zuhören lassen, wie er die ganze Nacht ... Sie wissen schon.«

»Oh«, entfährt es mir.

Alexandra grinst zufrieden, als ich rot anlaufe. »Dazu war er wirklich zu anständig.«

Jetzt reicht es mir. Ich funkele Alexandra an. Immerhin war es nicht meine Idee, die ganze Nacht fantastischen Sex zu haben. Es war seine. Und nur weil ich diesen fantastischen Sex durchaus zu genießen wusste, heißt das noch lange nicht, dass ich keinen Anstand besitze. Es war mir nur einfach nicht möglich, nicht laut zu schreien. So überwältigend intensive Gefühle sind nun mal neu für mich. Ekstase ist etwas, mit dem ich erst lernen muss umzugehen. Und eigentlich habe ich gar keine Lust darauf, meine Lust nicht frei ausleben zu dürfen.

»Wahrscheinlich warst du einfach nur zu langweilig«, stelle ich in den Raum und blinzle unschuldig mit den Wimpern. Ich stehe auf und stelle meine Tasse in die Spüle, als hinter mir ein dunkles Lachen den Raum erhellt. Ich zucke mit flatterndem Magen zusammen, drehe mich zu Kieran um, der mich mit Blicken verschlingt und gemächlich auf mich zukommt, ohne die anderen Frauen auch nur eines Blickes zu würdigen.

»Alexandra war wirklich langweilig«, sagt er knurrend, bevor er mich an seinen Körper zieht und mich ausgiebig küsst. Hinter uns räuspert sich jemand, doch Kieran lässt sich davon nicht beirren. Er beendet den Kuss in aller Ruhe. »Guten Morgen, Liebling«, säuselt er und drückt seine Erektion gegen meinen Bauch. »Ich hatte gehofft, du würdest neben mir liegen, wenn ich aufwache«, flüstert er in mein Ohr und ich erschauere.

»Wie kommt es, dass ihr nicht in den Flitterwochen seid?«, will Alexandra wissen. Sie erdolcht mich mit Blicken und schnaubt abfällig, als Kieran sich mit mir gegen die Spüle lehnt.

»Wo könnten wir bessere Flitterwochen haben als hier? Allein, ungestört und mit unendlich vielen Schlafzimmern.« Kieran wirft nicht einmal einen winzigen Blick über die Schulter, als er antwortet. Seine

Augen sind auf meine gerichtet, und was ich in ihnen sehe, lässt jeden Zentimeter meines Körpers beben. Ich kichere leise, dann hauche ich Kieran einen Kuss auf die Wange und verlasse das Schlangennest in der Hoffnung, dass die Frauen bald verschwinden werden und ich nicht länger etwas vorspielen muss, das nicht der Wahrheit entspricht. Auch, wenn es sich gut angefühlt hat, dass Kieran mich geküsst und gehalten hat, während seine eingebildete Exfrau brodelnd vor Wut zusehen musste.

7. Kapitel

15. Juli 1923

Gestern habe ich Mutter und Vater von Scott erzählt. Er will bei meinen Eltern um meine Hand anhalten. Alles in den letzten Wochen war so perfekt gewesen. Unsere Liebe hat mich glücklich gemacht und ich habe mich noch nie so wundervoll und begehrt gefühlt. Scotts Küsse verwirren mich und lassen diese Gefühle durch meinen Körper schwirren. Doch mein Vater hat mich angeschrien und mir verboten, Scott je wiederzusehen. Selbst wenn ich ihn nicht lieben würde und auf meinen Vater hören würde, wie sollte ich Scott auf Fair nicht sehen? Ich habe Vater noch nie so aufbrausend erlebt. In den letzten Wochen war er eher ruhig und hat kaum gesprochen, ist uns allen aus dem Weg gegangen. Ich hatte panische Angst vor ihm und auch Mutter war verwirrt von seiner Reaktion. Ich hatte so sehr gehofft, dass er sich wieder beruhigen würde, dass er darüber nachdenken würde, aber dann ist heute das Schlimmste passiert, das ich mir vorstellen konnte. Ich habe nicht damit gerechnet, dass er mir so etwas antun könnte. Aber er hat es getan! Ich fühle mich so elend! Ich weiß nicht, was ich tun soll. Ich bin verzweifelt. Lieber Gott, bitte hilf mir. Ich will Sean McGregor nicht heiraten. Ich kenne diesen Mann noch nicht einmal. Aber Vater hat mir nicht zugehört. Er hat mich einfach stehen lassen, nachdem er mir gesagt hat, dass ich einen Mann heiraten soll, den ich noch nie gesehen habe.

In meinem Zimmer ist es nicht so frostig wie in der Küche. Und da ich nichts anderes tun kann, lese ich in Isobels Tagebuch und hoffe, die Belagerung durch den Feind so überstehen zu können. Der Hass, den die beiden Frauen mir entgegenbringen ist etwas, womit ich nicht umgehen kann. Bin ich jemals schon gehasst worden? Zumindest nicht so, dass ich davon wüsste. Wenn dann still und heimlich, ohne, dass ich es mitbekommen habe. Dies ist also auch eine neue Situation für mich. Und ich mag sie nicht.

Aber zurück zu Sean McGregor. Ich halte den Atem an. Sean McGregor. Diese Uhr muss ihm gehören. Ich habe mich auf mein Zimmer zurückgezogen und mich in Isobels Tagebücher vertieft, um den Furien unten im Haus aus dem Weg gehen zu können. Es ist mir nicht leicht gefallen, abzuschalten und mich nicht mit Kieran und dem zu beschäftigen, was er in mir auslöst. Ich verliebe mich in diesen Mann in einer atemberaubenden Geschwindigkeit. Er löst Gefühle und Emotionen in mir aus, die ich nicht für möglich gehalten hatte. Und ich weiß nicht, wie ich damit umgehen soll. Ich habe sogar überlegt, auch von Fair zu verschwinden, um nicht länger seiner Anziehung ausgesetzt zu sein. Je länger ich bleibe, desto mehr werde ich ihm verfallen. Aber ich kann noch nicht gehen, erst wenn ich herausgefunden habe, was Isobel passiert ist. Mittlerweile fühle ich mich so sehr mit ihr verbunden, dass ich sie nicht verraten kann. Ich muss das für sie tun. Und ich komme schon wieder vom Thema - von Sean McGregor - ab. Immerhin scheint dieser S.G. endlich mal ein McGregor zu sein. Die Chancen stehen also gut, dass die Uhr ihm gehörte.

Ich schleiche mich zum Haus heraus. Aus der Küche kann ich noch immer Stimmen hören. Mich schüttelt es innerlich, als ich Alexandras Stimme erkenne.

»Wir hätten es noch einmal versuchen sollen. Du liebst mich noch immer, ich weiß es.« Sie klingt so sicher, dass sich eine Lanze in mein Herz bohrt. Die Eifersucht packt mich und wieder spiele ich mit dem Gedanken, weit von hier weg zu fliehen. Ich möchte nicht darüber nachdenken, ob er sie wirklich noch liebt. Ich ziehe leise die Tür hinter mir zu und laufe zum Gemeindehaus. Die frische Luft tut mir gut. Ich fühle mich freier hier draußen, außer Reichweite der zwei Drachen. Gemächlich laufe ich den Weg entlang und atme tief durch. Alles hier ist so anders als in London. Es gibt keinen Straßenlärm, kein Verkehrschaos, keine Menschenmassen, die sich in trägen Knäueln an Sehenswürdigkeiten vorbeischieben. Das Leben tickt hier anders. Alles, was die Menschen im Rest der Welt im Klammergriff hält, ist hier viel weiter weg. Selbst das Chaos der Kriege, die in diesen Zeiten scheinbar hinter jeder Ecke lauern.

Ich begrüße Mrs Sheffield flüchtig und streiche mein Haar glatt, das der Wind mir zerzaust hat. Wenigstens ist der Himmel heute fast blau, was bedeutet, dass die Chancen gut stehen, dass ich Giselle und Alexandra heute noch loswerde.

»Mrs Sheffield, es ist mir unangenehm, Sie noch einmal um einen Gefallen bitten zu müssen. Ich müsste Sie nach einem gewissen Sean McGregor fragen. Sagt Ihnen der Name irgendwas?«

Sie kneift missmutig die Lippen zusammen. »Wo haben Sie den denn gefunden?«

Ich lächle aufrichtig. »In Isobels Tagebüchern.«

»Sie haben ihre Tagebücher?« Sie klingt ehrlich erstaunt.

»Kieran hat sie mir gegeben. Er war so freundlich, sich meiner Recherche anzuschließen«, werfe ich ein, um ihr zu zeigen, dass ich mit meiner Aufgabe nicht mehr allein dastehe. »Also, kennen Sie den Namen nun?« Ihre Reaktion hat mir längst verraten, dass sie den Namen kennt. Ich sehe sie scharf an und warte ab. Sie nickt zögerlich.

»Sean McGregor war der damalige Chieftain der McGregors.«

»Also der Clansführer.« Ich setze mich auf den Stuhl vor ihrem Schreibtisch und denke nach. »Dann war er sicher wohlhabend, oder?«

»Nicht unbedingt. Viele Clans haben schon lange kein Vermögen mehr. Wenn sie das überhaupt jemals hatten. Aber soweit ich weiß, war er ein wohlhabender Geschäftsmann. Er hatte großen Einfluss in dieser Gegend.«

Ich klopfe mit meinen Fingern auf meinen Oberschenkel, das hilft mir beim Nachdenken. Mrs Sheffield beobachtet mich abwartend. Sie klopft mit einem Stift auf einen Notizblock. Ob sie bemerkt hat, dass sie in den selben Rhythmus verfallen ist wie ich? »Er war also wohlhabend. War er jemals auf Fair?«

»Soweit ich weiß, nicht. Natürlich kann man da nicht sicher gehen. Es könnte durchaus möglich sein.

Aber dann würde es einen Eintrag im Gemeindebuch geben. Wichtige Persönlichkeiten tragen sich bei uns immer in das Buch ein.«

»Oh«, mache ich. In meinem Magen zuckt es aufgeregt. Ich richte meine Haare wieder und binde mir einen Zopf, weil die wirren Strähnen mich stören. »Wo finde ich das?«

»In der Eingangshalle.«

»Ist es öffentlich zugänglich. Oder sollte ich fragen, sind es mehrere und kann ich in alle schauen?«

»Die älteren sind hier im Archiv.« Mrs Sheffield steht auf, holt mir einen großen Lederband und legt ihn auf den Schreibtisch. Ich ziehe das schwere Buch zu mir.

»Sie haben wohl häufig hohe Besuche?«, frage ich ironisch, weil ich mir nicht vorstellen kann, das so viele wichtige Persönlichkeiten nach Fair kommen. Aber dann schlage ich das Buch auf und erkenne, warum der Band so schwer ist. Der erste Eintrag ist von Sir Walter Scott, der sich 1814 für seinen erfreulichen Aufenthalt im Auld Haa bedankt. Seither haben sich viele andere Namen dazu gesellt und die meisten kenne ich nicht einmal. »Ich verstehe, wichtige Persönlichkeiten heißt nicht unbedingt, wichtig oder bekannt.«

Mrs Sheffield sagt nichts darauf und ich erspare es mir, den Blick zu heben und mir anzusehen, was sie wohl darüber denkt, dass ich die wichtigen Persönlichkeiten nicht für wichtig halte. Was nicht heißt, dass Sir Walter Scott nicht wichtig war. Ich blättere durch das Buch und bin erleichtert, dass es Jahre gibt, in denen niemand wichtig genug für dieses

Buch war und Jahre, in denen es nur ein oder zwei Einträge gibt. Im Jahr 1923 gibt es einen Eintrag von einem Kellan McGregor. Er war im August auf der Insel.

»Wer ist dieser Kellan McGregor?«

»Er hat ein Handelsabkommen mit Fair geschlossen über Strickwaren. Er hat ein Modehaus in Perth besessen.«

»Und er hat nicht zufällig auch Kontakte zu Sean McGregor oder Isobels Familie gehabt?«

»Das weiß ich nun wirklich nicht. Warum interessieren Sie die McGregors so?«

»Nun ja«, sage ich. »So wie es den Anschein hat, hat Isobels Vater sie zur Heirat mit diesem Sean McGregor gedrängt.«

»Damals hat man das eben so gemacht. Man hat eine gute Ehe arrangiert.«

»Ich weiß nicht. Zu der Zeit war das nicht mehr häufig üblich, aber natürlich auch noch nicht ganz aus der Welt geschafft.« Ich denke nach und schlage das Buch wieder zu. Sean scheint also nie hier gewesen zu sein. Aber die Uhr gehörte einem McGregor. Vielleicht ein Geschenk des Clanoberhauptes an Kellan? »Könnte dieser Kellan vielleicht schon vor oder auch nach diesem Eintrag mal hier gewesen sein?«

»Könnte er, ja. Wahrscheinlich hat er sich schon früher wegen Geschäften hier getroffen, bevor er diesen damals für die Einwohner von Fair sehr wichtigen Vertrag mit ihnen abgeschlossen hat. Kellan war der Sohn von Sean. Sean McGregor hatte eine Modekette und hat mit der Manufaktur Verträge über Strickmode abgeschlossen. Bis heute leben wir vom Verkauf unserer Waren.«

»Ja, das ist wohl denkbar, dass er dann öfters hier war. Und wenn Kellan der Sohn von Sean war, dann könnte er auch in Kontakt mit den McDougals gestanden haben.« Aber welchen Grund hätte er, Isobel zu töten? Wie wichtig war die Einhaltung des Eheversprechens für die McGregors? Die Sache wird immer verzwackter und ich bekomme den Eindruck, dass ich mich mit der Lösung des Falls übernommen habe. Mehr als spekulieren kann ich nicht. Ich stehe auf und verabschiede mich von einer heute weniger verschwiegenen Mrs Sheffield.

Ich schleiche mich in Sumburgh Castle wie ich gegangen bin. Auf Zehenspitzen bewege ich mich durch die Eingangshalle. Frustriert kneife ich die Augen zu und verharre, als ich hinter mir ein leises Räuspern höre.

»Warum schleichst du so herum?«

Ich drehe mich um und werfe Kieran ein breites Lächeln entgegen. »Hallo, Ehemann. Wo sind denn deine Gäste?«

»Haben uns verlassen.«

Ich atme erleichtert aus. »Dann ist die Show also vorbei?«

»Wo warst du?«, will er wissen und kommt langsam auf mich zu. Ich laufe rückwärts weiter in Richtung Treppe.

»Im Archiv. Ich habe herausgefunden, wer S.G. ist.«

»Hast du?«

Ich nicke heftig und erklimme die erste Stufe. »Warum kommst du immer näher? Was hab ich angestellt?«, frage ich mit klopfendem Herzen. Kieran strafft die Brust und funkelt mich warnend an.

»Du warst nicht da, als ich nach dir gesucht habe.«

»Warum hast du mich denn gesucht?« Noch eine Stufe. Meine Hand liegt auf dem Geländer.

»Um nachzuholen, was du mir heute Morgen verweigert hast.«

Ich schlucke. Zwischen meinen Schenkeln zuckt es erwartungsvoll, aber dieses Mal wird er nicht bekommen, was er will. Er kann nicht immer gewinnen. »Ich habe dir nichts verweigert. Du solltest dankbar dafür sein, dass ich mich um deine Gäste gekümmert habe, während du geschlafen hast.«

»Okay, dann werde ich dir jetzt meine Dankbarkeit zeigen.« Er macht einen schnellen Schritt auf mich zu und zieht mich von der Treppe in seine Arme. Ich stoße keuchend die Luft aus.

»Lass mich los!«

»Du weißt, dass ich am Ende doch bekomme, was ich will. Es gibt für dich keinen Grund, dich zu wehren.«

»Das entscheide immer noch ich. Und dieses Mal bekommst du deinen Willen nicht.«

»Du wirst noch lernen, dass ich meinen Willen immer bekomme. Ganz besonders, wenn es um dich geht.«

Ich will gerade protestieren, als energisch gegen die Tür gehämmert wird. »Deine Mutter ist zurück«, säusele ich zuckersüß. Kieran brummt unwillig und setzt mich ab. Er geht zur Tür und öffnet sie. Ich drehe mich wieder zur Treppe und mache mich daran, nach oben zu eilen und erstarre, als ich diese Stimme in meinem Rücken höre, die energisch nach mir fragt.

»Darf ich fragen, wer Sie sind?«, will Kieran wissen. Ich drehe mich langsam wieder zur Tür um und hebe meinen Blick. Meine Brust schnürt sich zu und jeder Atemzug fällt mir schwerer. Ich kann nicht glauben, dass er wirklich hier ist.

»Ich bin der Verlobte von Jenna Summers.«

»Liebling, der Mann behauptet, er wäre mit dir verlobt«, knurrt Kieran gefährlich. Ich zucke zusammen, bei dem Zorn in seinem Blick. Kieran tritt zur Seite, damit ich einen Blick auf Bill werfen kann, der mir einen hasserfüllten Blick zuwirft.

»Was zur Hölle machst du hier?«, keife ich. Bill betritt das Castle, ohne Kieran weiter zu beachten, der mit einem lauten Knall die Tür zuwirft, als Bill mich in seine Arme zieht.

»Dich nach Hause holen«, sagt Bill und strahlt mich an, als wäre nichts gewesen.

»Du meinst in die Wohnung, die ich verlassen habe, weil ich dich verlassen habe?«

»Du hast mich nicht wirklich verlassen. Sagt auch deine Mutter. Sie sagt, du beruhigst dich wieder, wenn du mich erstmal wieder siehst.«

»Nun ja, ich sehe dich wieder und nein, ich beruhige mich kein bisschen. Wer hat dir gesagt, dass ich hier bin?«

»Cassy«, sagt er und greift nach meiner Hand. Er himmelt mich an, wie er es noch nie getan hat, und mein Puls wird langsam ruhiger, weil ich ihn einfach nur noch unverständlich ansehen kann. Was passiert hier gerade?

»Cassy?«, brüllt Kieran. »Verräterin.«

»Wie kommst du darauf, dass ich mit dir gehen würde?«, frage ich und entreiße ihm meine Hand.

Er seufzt und wirft Kieran einen flüchtigen unsicheren Blick zu. »Können wir nicht irgendwo allein reden?«

»Könnt ihr nicht«, sagt Kieran und stellt sich mit verschränkten Armen neben mich. Gegen ihn wirkt Bill wie ein Kobold. Warum ist mir nie aufgefallen, wie schmal Bill ist? Nicht, dass ich einen Hang zu Muskeln hätte. Aber gerade merke ich, dass er eigentlich gar nicht mein Typ Mann ist. Ist es da ein Wunder, dass ich auf seine Nähe und seine Berührungen nie so reagiert habe wie auf die von Kieran? Bin ich oberflächlich, weil ich so denke? Jetzt frage ich mich, was ich überhaupt an Bill gefunden habe. War unsere Beziehung wirklich nur der nächste Schritt in einer langen Freundschaft gewesen? So wie unsere Heirat der nächste Schritt in einer langen Beziehung gewesen wäre?

Ich sehe Kieran scharf an und widme mich dann wieder Bill. »Können wir nicht, Bill.«

»Aber wir müssen über unsere Hochzeit reden.«

»Nein, auf keinen Fall. Wir werden nicht heiraten.«

Bill sieht mich verzweifelt an. Seine Augen röten sich und ich empfinde Mitleid mit ihm. »Was ich getan habe, war nicht richtig. Ich habe Angst vor der Ehe gehabt. Aber jetzt weiß ich, dass ich dich liebe.«

Ich trete nervös von einem Fuß auf den anderen. Ich will ihn nicht verletzen. Aber was soll ich nur tun? Ich kann spüren, wie Kierans Ungeduld immer größer wird. Die Aggression tropft ihm aus jeder Pore. Ist er etwa eifersüchtig? Auf jeden Fall muss ich das hier beenden, bevor die Situation eskaliert. »Bill, es tut mir leid, aber du kommst zu spät. Ich bin schon verheiratet.« Wie kann ich nur die gleiche Lüge benutzen, die Kieran schon benutzt hat? Ich winde mich innerlich und verfluche Kieran, weil er mich erst auf den Gedanken gebracht hat.

»Du bist was?!« brüllt er. Kieran schiebt sich, ganz der knurrende Neandertaler, schützend vor mich.

»*Verheiratet*, hat sie gesagt.«

»Aber ... etwa mit ihm?«

»Gibt es daran etwas auszusetzen?« Kieran ballt seine Hände zu Fäusten. Ich lege meine Hände auf seine Unterarme, um ihn zu beruhigen.

»Du kennst ihn doch gar nicht.«

Ich gehe wieder um Kieran herum. »Das macht nichts. Ich lerne ihn kennen. Und das, was ich bisher kenne, das mag ich. Es wäre besser, wenn du jetzt gehst.«

Kieran drängt ihn langsam aus seinem Castle.

»Ich bleib in der Nähe. Wir reden noch«, ruft Bill aufgeregt, bevor ihm die Tür vor der Nase zugeknallt wird.

»Du hättest mich mit ihm reden lassen sollen«, werfe ich Kieran vor.

»Da gibt es nichts mehr zu reden. Er hat dich sehr verletzt.«

Ich seufze. »Ich weiß, aber er war auch sehr lange ein guter Freund. Und ihn so abzufertigen, das tut weh.«

Kieran zieht mich in seine Arme und ich schmiege mich an seine Brust. Plötzlich werde ich hochgehoben und die Stufen nach oben in mein Zimmer getragen. Dort lässt er mich auf mein Bett fallen und legt sich neben mich.

»Erzähl mir, was du rausgefunden hast über S.G.«

Ich berichte ihm von Sean McGregor und Kellan McGregor. »Ich vermute, dass es da irgendeine Verbindung gibt.«

Kieran nickt zustimmend. Seine Finger streichen über meinen Arm. »Denkbar, dass Sean nie auf Fair war und die Taschenuhr Kellan gegeben hat, als eine Art Erkennungsmerkmal. Aber welchen Grund sollte Kellan gehabt haben, Isobel zu töten?«

»Das weiß ich auch noch nicht. Vielleicht war er wütend, als er erfuhr, dass Isobel Sean, seinen missgelaunten furchteinflößenden Vater, nicht heiraten will?«, werfe ich grübelnd ein.

Kieran haucht mir einen Kuss auf die Stirn. Dann streichen seine Lippen über meine Wange, legen sich auf meinen Hals und zupfen an der empfindlichen Haut. »Das halte ich für sehr weit hergeholt. Dann kann ich mich eher mit der Möglichkeit anfreunden, dass Sean sich nicht in das Gästebuch eingetragen hat. Vielleicht war er ja einige Zeit früher schon mal auf der Insel, ein paar Jahre vor Isobels Tod, und hat sich damals in das Gästebuch eingetragen und hielt es später nicht mehr für nötig?«

»Kann sein«, werfe ich ein und lege ein Bein über Kierans. Kieran knabbert an meinem Ohrläppchen. Ich sauge seinen Sandelholzduft in meine Lungen. Und atme bebend aus. »Aber er hat zu der Zeit einen wichtigen Handelsvertrag mit Fair abgeschlossen. Wäre es dann nicht normal, sich in das Buch einzutragen?«

Kieran küsst mich auf den Mundwinkel und zieht mich näher an sich. »Ich bin dafür, wir lenken uns anderweitig ab. Manchmal hilft etwas Abstand, die Dinge in einem anderen Licht zu sehen.« Seine Hand schiebt sich unter meinen Wollpullover. Sein Blick verdunkelt sich und sein Atem geht schneller. Ich lecke mir über die Unterlippe und nicke angestrengt. Hitze wallt durch meine Adern.

»Womöglich hast du recht«, keuche ich.

»Dann hast du nichts dagegen, dass ich dir zeige, wie gerne ich dominant bin?«

Mein Herz macht einen Satz, doch der Hunger in Kierans Augen und das Versprechen in seiner Stimme erregen mich. Und die vergangenen Tage an seiner Seite haben meine Neugier auf diesen Mann und das, was er mir bieten kann, geschürt. »Ich hätte nichts gegen eine kleine Unterweisung.«

Seine Augen blitzen auf und er lächelt. Mit Schwung wirft er mich auf den Bauch und setzt sich auf meine Oberschenkel. Er schnappt sich meine Hände und bindet sie auf den Rücken zusammen. Ich schnappe keuchend nach Luft. »Was tust du?«

»Dich dafür bestrafen, dass du mich mit meiner Mutter und Alexandra allein gelassen hast«, antwortet er mit heiserer Stimme. Ich werde wieder auf den

Rücken gedreht und das letzte, was ich sehe, ist Kierans diebisches Grinsen, dann legt er mir einen Schlips über die Augen und bindet ihn an meinem Hinterkopf zusammen. Wehrlos und mit hämmerndem Puls liege ich auf der Matratze. Ich kann spüren, wie sie sich unter mir bewegt, als Kieran vom Bett gleitet. Dann höre ich nur noch meinen Atem, den Puls in meinen Ohren und die Stille im Raum.

»Kieran?«, flüstere ich und zappele wild umher, als ich keine Antwort bekomme. Ich höre eilige Schritte und sein dunkles Lachen und fluche zischend. »Wo warst du?«

»Ich habe etwas aus meinem Zimmer geholt«, sagt er ruhig. Er muss über mir stehen.

»Was? Hoffentlich keine Peitsche.«

»Vertraust du mir?«, fragt er jetzt und streicht über meinen Unterarm. Ich erschauere.

»Ich weiß nicht«, sage ich unsicher. Verbundene Augen und gefesselte Hände sind neu für mich. Bill war alles andere als abenteuerlustig.

»Ich werde dir nicht wehtun«, sagt er. Ich höre das Rascheln von Kleidung und schlucke trocken. Die Matratze senkt sich und ich versuche, mich zu orientieren, herauszufinden, was er vor hat. Er knöpft meine Bluse auf und schiebt sie zur Seite. Seine Hände legen sich warm auf meine Taille, seine Daumen streicheln mich sanft. Ich atme zitternd ein, als seine Zunge Kreise um meinen Bauchnabel malt.

»Ich muss deinen BH leider zerreißen«, flüstert er und küsst sich einen Pfad zu meinen Brüsten.

»Zerreißen?«, keuche ich ungläubig.

»Anders bekomme ich ihn nicht los. Wir kaufen dir was Neues.« Ich spüre, wie seine Finger den Stoff zwischen meinen Brüsten umschlingen, dann gibt es einen heftigen Ruck. Zwei weitere Rucks folgen, als er auch noch die Träger zerreißt. Ich stöhne leise, als seine feuchten Lippen sich um eine meiner Brustwarzen schließt. Er saugt an mir. Blitze schießen zwischen meine Schenkel und ich winde mich unter ihm. Ich fühle mich so wehrlos. Lausche in die Dunkelheit, die mich umgibt, als er sich von mir löst. Dann bläst er seinen warmen Atem auf meine feuchte Brustwarze und ich schnappe nach Luft. Er beißt in meine Brustwarze. Nur vorsichtig, aber leichter Schmerz schießt von meiner Brust durch meinen Körper. Ich keuche erschrocken auf und stoße einen leisen Schrei aus, als er den Schmerz mit seiner Zunge vertreibt. Durch meinen Körper pulsiert Verlangen. Ich sehne mich nach mehr von ihm. Ich verstehe die Welt nicht mehr. Wie kann mich sein Spiel so erregen? Etwas Weiches streicht über meinen Oberkörper, zwischen meinen Brüsten entlang, zieht auf dem Bauch einen Bogen und streicht dann federleicht über meine Brust. Ich zittere vor Erregung und wimmere.

Kieran zupft an meiner Brustwarze und ich recke mich ihm entgegen. »Mach meine Hände frei, ich will dich berühren«, flehe ich.

»Nein, ich werde in aller Ruhe deinen Körper erkunden. Und das kann ich am besten, wenn du mich nicht ablenkst.« Seine Lippen streifen meine und verschwinden wieder. Ich suche mit meinem Mund nach ihm. Kieran lacht dunkel. »Du machst es mir nicht leicht, mich zurückzuhalten.«

»Dann halte dich nicht zurück«, zische ich ungeduldig.

Dafür bestraft er mich. Er kneift mir in die Brustwarze und verreibt den Schmerz sofort wieder. Etwas Kaltes trifft mich unvorbereitet, läuft meinen Oberkörper hinunter. Ich erschauere und spüre, wie Gänsehaut sich über meinem Körper verteilt. Dann steigt mir der Geruch von fruchtigem Alkohol in die Nase. Ich kann nicht genau sagen, was es ist. Aber Kieran scheint es zu schmecken, denn er leckt meinen Körper wieder trocken und entfacht ein Inferno in meinem Innern. Mein durch die kalte Flüssigkeit abgekühlter Körper erhitzt sich sofort wieder. Kieran schiebt meine Oberschenkel auseinander und drängt er sich zwischen meine Beine. Wieder werde ich übergossen, keuche auf und winde mich stöhnend, als er mich anschließend wieder ableckt. Er arbeitet sich meinen Oberkörper nach oben, saugt an meinen Brustwarzen und ich glaube zu zerreißen, weil mich die Anspannung in meinem Inneren in den Wahnsinn treibt.

»Kieran, bitte«, flehe ich und weiß im selben Augenblick, dass er mich wieder bestrafen wird. Ein leichter Schlag auf meine rechte Brust erfolgt. Ich ziehe erschrocken die Luft ein. Er legt seine Hand auf meine Brust und streichelt sie. Endlich treffen seine Lippen auf meine. Er küsst mich unendlich zärtlich. Zupft mit seinen Lippen an meinen. Beißt in meine Unterlippe, nur eine Andeutung. Er saugt an mir, bevor er seine Zunge in meinen Mund gleiten lässt. Seine Zunge tanzt mit meiner und ich gehe auf in seinem Geschmack und dem Geschmack von Weißwein oder Sekt. Während er mich küsst, knöpft er meine Hose auf und lässt seine Hand in mein Höschen gleiten. Ich hebe ihm mein Becken entgegen, doch mehr als kurz leichten Druck auf meinen Venushügel auszuüben, gibt er mir nicht. Dabei brennt mein ganzer Leib vor Verlangen nach mehr. Ich wimmere enttäuscht, wage aber nicht, etwas zu sagen, weil das bedeuten würde, dass er mich wieder bestraft.

Die Hose wird mir von den Hüften gezerrt. Kieran legt seinen heißen Mund auf meinen erhitzten Hügel und bläst Luft durch den Stoff meines Höschens. Unerwartet trifft die kalte Luft des Zimmers auf den feuchten Stoff. Er zerreißt auch den Tanga. Wozu brauch ich ihn auch noch, der dazu passende BH hat sich seiner Leidenschaft schon ergeben müssen.

Eine Hand streicht über meinen Bauch, meinen Venushügel hinunter und schiebt sich zwischen meine Beine. »Mach die Beine auf«, befiehlt er mir heiser. Seine Stimme ist fast weg. Ich öffne meine Schenkel für ihn und eine Ewigkeit passiert gar nichts. »Du siehst wunderschön aus.«

Meine geschwollenen Schamlippen werden geteilt. Sie pulsieren heiß vor Verlangen. Ich zergehe innerlich, weil ich ihn so sehr brauche. Ein Finger wird in mich getaucht, schiebt sich langsam in mich hinein. Ein zweiter folgt. Kieran stöhnt verhalten. Dann wird wieder kalte Flüssigkeit über mich gegossen, sie tränkt meine Schamlippen, läuft zwischen meinen Beinen hinunter und benässt meine

Pospalte. Meine Hüften zucken und Kieran lacht dunkel.

»Ich werde alles wieder auflecken«, sagt er. Ich stöhne auf, schon allein bei der Vorstellung und winde mich verlangend. Ein Finger fährt durch meine feuchte Spalte, dann werden meine Schamlippen auseinandergezogen. Ich mache mich bereit und stoße einen lauten Schrei der Erleichterung aus, als Kierans Zunge auf meine Perle trifft. Seine Zungenspitze umkreist meine Klitoris und meine inneren Muskeln ziehen sich mehr und mehr zusammen. Ich stöhne und wimmere. Am liebsten würde ich meine Finger in seine Haare krallen und mich an seinem Gesicht reiben. Aber sie sind noch immer nutzlos unter meinem Körper gefangen.

Kurz bervor ich explodiere, lässt Kieran von mir ab. Er dreht mich auf den Bauch. Sein heftiger Atem erfüllt den Raum. Er hebt mein Becken an und stößt tief in mich. Der unerwartete süße Schmerz, der mich durchfährt lässt den Orgasmus über mich hinwegrollen wie einen Orkan. Mein Körper bebt und meine inneren Muskeln ziehen sich um Kierans Shaft zusammen. Kieran erstarrt, seine Finger tief in mein Fleisch gedrückt und folgt mir mit einem lauten Stöhnen in den Orgasmus. Wir sacken beide auf die Matratze. Ich bin noch immer nicht fähig, mich zu bewegen. Einige Atemzüge später befreit Kieran mich endlich und zieht mich mit sich. Ich bleibe auf seinem Körper liegen, spüre sein noch immer heftig schlagendes Herz und streichle mit den Fingerspitzen über seine Lippen. Kierans Hände gleiten über meinen Rücken. Er deckt uns beide zu und sieht mich lächelnd an.

»Das ging schnell. Ich kann mich bei dir nicht kontrollieren. Du bist so unglaublich sexy und gleichzeitig treibst du mich in den Wahnsinn«, sagt er leise. Seine silbernen Augen ziehen mich in ihren Bann. Ich versinke in ihnen und möchte noch ewig so liegenbleiben. Ich lege meinen Kopf auf seine Brust, schmiege meine Wange an seine verschwitzte Haut und atme tief seinen Duft ein.

»Du hast mich im wahrsten Sinne des Wortes gefesselt«, sage ich.

»Und, hat es dir gefallen?«

»Sehr sogar. Aber das nächste Mal fessel ich dich.«

»Darüber werden wir noch sprechen müssen.«

»Wegen deiner Vorliebe zur Dominanz?«

»Genau«, sagt er und versetzt mir einen Klaps auf den Po.

* * *

Schnaufend werfe ich meinen Mantel über die Stuhllehne und setze mich an den Tisch. Heute Morgen lag ein Zettel auf dem Esstisch, gleich neben meinem Müsli und dem Kaffee, den Kieran mir gemacht hat, bevor er gegangen ist, um über die Insel zu Joggen. Das ist es, was er morgens tut, wenn er nicht da ist. Hat er mir gestern erzählt, woraufhin ich ein schlechtes Gewissen bekommen habe, weil ich mit Sport so absolut gar nichts anfangen kann. Ich ziehe den Stuhl zurück und setze mich Bill gegenüber. Aber eigentlich hätte ich es vorher schon wissen sollen, solche Muskeln bekommt man nicht vom herumsitzen. Aber auch nicht vom Joggen. Was wohl heißt, mein sexy Neandertaler macht noch viel mehr Sport als nur mit Schafen um die Wette rennen und gelegentlich zu boxen.

»Du hast Kieran angerufen und ihm gesagt, dass ich dich hier treffen soll. Warum?« Kieran hat mir auf seiner Notiz nicht nur ausgerichtet, dass Bill mich treffen will, sondern hat mich netterweise auch gleich darauf hingewiesen, dass er jetzt missgelaunt und hochgradig eifersüchtig Joggen geht. Und ich solle mir jede Sekunde, die ich mit Bill verbringe, ausmalen, was er zum Ausgleich anschließend mit meinem Körper tun wird. Ich sitze jetzt also hier und kann an nichts anderes denken als dieses Kopfkino, das sich vor meinem geistigen Auge abspielt.

Bill sieht mich mit starrer Miene an. »Ich glaube dir kein Wort.«

»Was glaubst du mir nicht?« Ich sehe mich in der winzigen Gaststube um. Wir und ein junger Mann, der über Papiere gebeugt ist, sind die einzigen Gäste des kleinen Inselpubs. Ich bestelle einen Kaffee, als die Kellnerin kommt.

»Diese Heiratssache. Um einfach mal so zu heiraten, noch dazu einen Mann, den du nicht kennst, bist du viel zu geordnet. Du machst nichts, was du nicht lange vorausgeplant hast und du machst schon gar nichts, was andere Leute als dumm bezeichnen würden.«

Ich ziehe eine Augenbraue hoch. »Ich hab kürzlich beschlossen, dass dumm sein gut ist. Und ich bin auf dieser Insel, das war auch nicht geplant.«

Und ich bin eine wirklich schlechte Lügnerin und Bill hat mich sofort durchschaut. Mir bleibt nichts anderes übrig, als mit ihm zu reden. »Was willst du, Bill?«

»Dass du wieder mit mir zurückkommst. Dass wir heiraten.«

Ich seufze genervt auf. Eines ist mir in den letzten Tagen klar geworden, ich liebe Bill nicht. Das habe ich wohl nie. Aber uns verbindet etwas und das kann ich auch nicht einfach ignorieren. Mit ihm würde mein Leben in geraden Bahnen verlaufen. Kieran ist ganz anders. Ich fühle mich in seinen Armen zwar sicher, aber gäbe es diese Sicherheit auch für mein Leben? Und warum denke ich überhaupt darüber nach, ob Kieran etwas für das ganze Leben wäre? Bill hat recht, ich kenne ihn ja nicht mal. Aber ich lerne ihn jeden Tag ein bisschen mehr kennen. Er ist zärtlich, fürsorglich, manchmal ein echter Macho. Aber er entzündet mit nur einem Blick meinen Körper und da sind noch immer die Schmetterlinge in meinem Bauch. Er verwirrt mich, erregt mich. Lässt mich Sehnsüchte spüren und mir wünschen, ihn für immer fühlen zu können. Ich fühle mich seit Langem mal wieder ausgefüllt. Nicht wegen seines großen Schwanzes, sondern emotional. In seiner Nähe fühle ich mich einfach glücklich. Ja, er sorgt dafür, dass ich überhaupt mal wieder spüre, dass ich lebe. All das hatte ich mit Bill nicht. Aber Bill ist auch nicht nur ein kurzes Abenteuer. Und ich bin nicht nur ein Abenteuer für ihn. Von ihm weiß ich, dass er mich wirklich will. Nicht nur für ein paar Wochen. Und nicht nur, um Spaß zu haben.

»Das kann ich nicht. Ich kann nicht einfach vergessen, was vorgefallen ist. Und in den letzten Tagen hat sich auch für mich einiges verändert.«

»Du schläfst mit diesem Kerl«, wirft er mir vor. Sein Gesicht wirkt hagerer, als ich es in Erinnerung habe. Um seine Augen haben sich Falten gegraben. Macht er sich Vorwürfe? Belastet ihn die Trennung so sehr?

»Das geht dich nichts an, aber, ja.«

Er schluckt. »Das bist nicht du. Ich erkenne dich gar nicht wieder.«

»Doch, ich glaube, genau das bin ich.« Ich fühle mich lebendiger. Es ist, als hätte Kieran mich erweckt. Nicht nur sexuell. »Mir geht es gut. Ich habe das Gefühl, dass ich zum ersten Mal seit Jahren nicht einfach nur die Frau bin, die für dich kocht und putzt und wartet, dass du nach Hause kommst von deinen Tagungen. Du hast aus mir einen Roboter gemacht. Wir beide haben das aus mir gemacht.«

Er runzelt zornig die Stirn. »Du wirst ziemlich bald merken, dass dir dein altes Leben fehlen wird«, sagt er bedrohlich. »Vielleicht hast du jetzt Spaß mit ihm. Du hattest einfach nie die Möglichkeit, andere Erfahrungen zu machen. Das ist der Grund dafür, dass er dich im Moment so reizt.« Schwimmen da Tränen in seinen Augen? Bei dem schwachen Licht im Pub kann ich es nicht genau sagen.

»Dann ist es ja gut, dass zumindest du diese Erfahrungen machen konntest. Wie viele deiner Tagungen waren nur ein Grund, um dich mit anderen Frauen zu treffen?« Ich knurre ihn regelrecht an und sofort tut es mir leid, weil ich hier sitze und ihm

Vorwürfe mache. In dem Punkt hat er recht. Diese Person bin ich nicht. Ich klage niemanden an. Meine Finger umfassen zitternd die heiße Tasse, die die Kellnerin vor mir abgestellt hat. Sie schaut verwirrt zwischen uns hin und her, dann geht sie wieder.

Bill weicht meinem Blick aus und antwortet nicht. Dass er nicht antwortet, versetzt mir einen Stich, aber dieser Stich ist nicht besonders schmerzhaft. Ich trinke von meinem Kaffee, um eventuelle Gesichtsregungen zu überspielen.

»Mir tut das wirklich leid und ich hoffe, dass du die letzten Jahre nicht einfach wegwirfst für etwas, das nur ein kurzes Abenteuer ist.«

»Nicht ich habe etwas weggeworfen, du warst es, Bill«, sage ich trocken.

Bill erhebt sich. »Ich bleibe noch ein paar Tage. Für den Fall, dass du es dir anders überlegst.«

Ich trinke meinen Kaffee und sehe Bill nicht einmal hinterher. Etwas, das er gesagt hat, hat mich zusammenzucken lassen. »Nur ein kurzes Abenteuer« Ich schüttele den Kopf. Das wusste ich von Anfang an. Warum sollte es mich jetzt stören. Ich weiß doch, dass Kieran und ich nur diese Anziehungskraft, die wir aufeinander haben, ausleben. Wir sind beide Singles, beide aus einer längeren Beziehung ausgebrochen. Das ist mir bewusst. Und doch stimmt mich der Gedanke traurig. Nicht nur das, er liegt schwer auf meiner Brust und schränkt meine Atmung ein.

Tropfnass betrete ich die Eingangshalle des Castle und werde vom Klingeln des Telefons begrüßt. Ich warte einen Augenblick, doch niemand kommt, also nehme ich den Hörer des altmodischen Wählscheibengerätes ab. »Sumburgh Castle, Jenna Summers am Apparat.«

»Ms Summers? Hier ist Mrs Sheffield. Es wundert mich, dass Sie ... Aber ist auch egal. Das ist bestimmt nur die Gewohnheit.« Ich runzle die Stirn und verstehe nicht, was Mrs Sheffield da plappert. Sie klingt etwas durcheinander, habe ich den Eindruck. »Ich wollte Ihnen nur sagen, ich habe mit dem derzeitigen Chieftain der McGregors telefoniert. Und er hat mir bestätigt, dass Sean McGregor niemals persönlich auf Fair war.«

»Sie haben mit ihm telefoniert?«, frage ich erstaunt und kann nicht fassen, was ich da höre.

»Ja, ich dachte, es würde Sie interessieren.«

»Oh ja, das tut es. Danke vielmals.« *Aber wieso sind Sie plötzlich so freundlich zu mir, wo Sie doch vorher kaum dazu zu bewegen waren, mir in irgendeiner Weise behilflich zu sein?*, füge ich in Gedanken an. »Ich bin nur verwundert über Ihr Engagement.«

»Oh, ja. Also ...«, stottert sie wieder herum. »Wo Sie doch eine von uns sind. Wir müssen doch zusammenhalten.«

»Eine von Ihnen?«, frage ich. Im gleichen Moment wird die Tür aufgerissen und Kieran kommt herein. Auch er ist von oben bis unten durchnässt und grinst mich jungenhaft an, als er mich sieht. Meine Augen kleben auf dem durchnässten Stoff seines Shirts, als er sich aus der Sportjacke schält. Der Stoff klebt an seinen Brustmuskeln und lässt mir das Wasser im Mund zusammenlaufen.

»Hallo, Liebling. Schon Zuhause«, sagt Kieran und küsst mich.

»Also, ich höre schon, Mr McDougal ist gekommen.« Sie kichert. »Ich verabschiede mich dann mal. Ich hoffe, wir sehen uns demnächst mal wieder.«

»Ja, bis bald«, sage ich verwundert in das Telefon. Kieran nimmt mir mit hungrigem Blick den Hörer aus der Hand und legt ihn auf die Gabel. Dann zieht er mich an seinen feuchten Körper und küsst mich stürmisch.

»Ich habe dich vermisst, meine Schöne.«

»Wenn ich zugeben würde, dass ich das auch habe, würde ich zugeben, dass ich dich mag. Und so weit sind wir noch nicht«, sage ich neckisch und dränge mich an ihn.

»Oh, du magst mich. Das weiß ich auch so.« Er zieht mich mit sich die Stufen hoch. Oben trennen wir uns mit einem letzten Kuss, um uns trockene Sachen anzuziehen.

Ich bin gerade dabei, mir einen warmen Pullover überzuziehen, als er seine Arme von hinten um mich schlingt und seine Lippen auf meinen Nacken drückt. »Wenn es nach mir ginge, könntest du hier auch den ganzen Tag nackt herumlaufen.«

»Wenn es nach mir ginge, dürftest du das auch.« Ich ziehe mich an und wende mich zu Kieran um. »Warum denkt Mrs Sheffield, ich wäre eine von ihnen? Wer auch immer *ihnen* ist?« Ich sehe nachdenklich zu ihm auf.

»Mrs Sheffield?«

»Die ältere Dame aus dem Gemeindearchiv.«

Kieran tritt einen Schritt zurück und wendet sich ab. »Ich weiß nicht. Kaffee?«

»Nein danke, ich hatte gerade welchen«, antworte ich und runzle die Stirn. Etwas in Kierans Gesichtsausdruck, bevor er sich umgedreht hat, hat mich stutzig werden lassen.

»Wie lief dein Treffen mit Bill?«, fragt er jetzt und nimmt die Reste des Höschens, das er mir gestern zerrissen hat, von dem Stuhl, auf den ich es heute morgen hingelegt habe. Er schiebt es sich mit einem Grinsen in meine Richtung in die Tasche seiner Jeans.

Ich zucke mit den Schultern. »So wie ich es erwartet habe. Er hat versucht, mich davon zu überzeugen, ihn zu heiraten.«

»Er glaubt also nicht daran, dass wir verheiratet sind?«

»Nein, das hätte mich auch gewundert. Deine Mutter ist eindeutig leichtgläubiger. Bist du auch leichtgläubig, Kieran?«, will ich neckisch wissen.

»Oh ja, ich glaube zum Beispiel daran, dass du für immer und immer mir gehörst.« Er kommt wieder auf mich zu und küsst mich. Seine Zunge schiebt sich zwischen meine Lippen und ich seufze leise. Ich lehne mich an ihn und genieße seinen Geschmack, seine Wärme. »Denkst du, dass ich deswegen leichtgläubig bin?«

Ich lächle ihn an. »Willst du denn, dass ich für immer und immer bleibe?«

»Nenn mir einen Grund, warum ich das nicht wollen sollte.« Ein aufgeregtes Flattern zieht durch meinen Magen. Kann es sein, dass ich mehr als nur ein Abenteuer für ihn bin? Dumme Hoffnung!

»Mir fällt einfach keiner ein. Das liegt aber nur an dir. Sobald du mich loslässt und mein Gehirn wieder funktioniert, fallen sie mir bestimmt wieder ein.«

»Unter diesen Umständen werde ich dich nie wieder loslassen können.«

»Das ist praktisch, dann werden wir jetzt zusammen weiter in Isobels Tagebüchern lesen.«

»Wie listig von dir, mir deine Arbeit aufzudrängen.«

»Ich weiß«, sage ich und ziehe ihn mit mir auf das Bett. Ich nehme das Tagebuch, in dem ich zuletzt gelesen habe, und reiche es ihm. »Lies vor!«

17. Juli 1923

Ich bin so aufgeregt. Scott und ich haben beschlossen zu fliehen. Wir werden heiraten. Ich habe alle meine Ersparnisse zusammengekratzt, was nicht viel ist. Aber es reicht, um uns eine Überfahrt mit einem Kutter zu mieten und heimlich Fair zu verlassen. Wenn wir erst verheiratet sind, dann muss Vater es akzeptieren. Wir brauchen nur eine Nacht und dann wird alles gut. Schon morgen Abend wollen wir es wagen. Und dann werde ich Mrs Scott Green sein. Mrs Scott Green! Ich möchte es immer und immer wieder flüstern. Es klingt so wundervoll. Ein wenig habe ich trotzdem Angst vor Vaters Reaktion. Er ist so unbeherrscht geworden. Aber wenn er sich erst einmal wieder beruhigt hat, dann wird alles gut. Mutter wird es akzeptieren. Sie steht hinter mir. Ihr gefällt es auch nicht, dass Vater mich an einen Fremden geben will. Aber natürlich darf sie ihm als seine Frau nicht widersprechen. Ich werde heiraten, so wie es früher hier üblich war. Ob es wehtun wird? Ich habe schon so viel darüber gehört.

8. Kapitel

Du willst dich schon wieder mit ihm treffen?« Kieran ist wütend. Er sieht mich zornig an und schüttelt den Kopf. »Wozu? Ich dachte, es wäre alles geklärt zwischen euch?«

»Er hat mich um dieses Treffen gebeten. Er will Fair verlassen und ein letztes Gespräch schulde ich ihm«, verteidige ich meine Pläne, mich noch einmal mit Bill im Pub zu treffen. Heute Morgen habe ich ihn auf einer meiner Erkundungstouren über die Insel getroffen. Ich habe mir die Felsen angesehen, von denen Isobel gestürzt ist. Eine typische Steilwand, an deren Fuß es einen Streifen groben Kieselstrand gibt. Es hat in mir gekribbelt, als ich dort oben stand und nach unten gesehen habe. Nicht wegen der Höhe, sondern wegen dem, was dort passiert ist. Dort zu stehen, hat sich unheimlich angefühlt. Bis Bill gekommen ist und es durch seinen traurigen Blick noch unheimlicher geworden ist.

»Er wird dich nur wieder bearbeiten wollen.«

»Bist du etwa eifersüchtig?«, frage ich Kieran erstaunt, der sofort innehält und mich mit weit aufgerissenen Augen ansieht.

»Und wenn schon. Es macht mich wahnsinnig, zu wissen, dass du dich mit ihm triffst.«

»Du bist eifersüchtig.« Ich grinse und streiche mit meinen Händen über seine Brust.

Er sieht mich mit dunklem Blick an und drückt mich mit seinem Körper gegen eins der Bücherregale in der Bibliothek. »Ich will nicht einmal daran denken, dass er seine Hände auf deinen perfekten Arsch legt. Du gehörst mir.«

»Er wird seine Hände nicht auf meinen Arsch legen«, flüstere ich. Kieran küsst mich stürmisch. Seine Hände schieben sich unter meinen Pullover und legen sich auf meine Brust. Dann knöpft er meine Hose auf, während seine Zunge kreise auf meinem Hals malt. Ich bin jetzt eine Woche hier und mit jedem Tag in der Nähe dieses wundervollen Mannes wird mir mehr klar, dass ich ihm verfallen bin. Ich bin süchtig nach den Dingen, die er mit mir anstellt. Süchtig nach seinem Geschmack, seiner Nähe. Er bringt mein Herz jeden Tag schneller zum Klopfen.

»Was machst du da?«

»Ich sorge dafür, dass du nicht vergisst, dass du mir gehörst. Und ich will, dass du nach mir und nach Sex riechst, wenn du zu ihm gehst.« Ich keuche auf, als er seine Hand in mein Höschen schiebt und meine Klitoris reibt.

»Kieran!«, stöhne ich widerwillig, aber ich bin längst verloren.

»Wem gehörst du?«, fragt er und bearbeitet weiter meine pulsierende Perle. Mein Unterleib drängt sich seiner Hand entgegen. »Sag es!«, befiehlt er und zieht seine Hand aus meinem Höschen. Er öffnet seine Hose und zieht sie nach unten. Das gleiche macht er mit meiner Hose. Er hebt mich aus dem Stoffberg und drückt mich gegen das Bücherregal. »Sag es!«

»Dir!«, stöhne ich und schlinge meine Beine um seine Taille. »Dir.«

»Vergiss das nicht!« Er sieht mich düster an, dann rammt er sich in mich. Das Regal und die Bücher in meinem Rücken schmerzen, aber es ist mir egal. In mir baut sich mit jedem kraftvollen Stoß die Anspannung auf. Ich spüre ihn tief in mir. Er füllt mich aus und die herrliche Reibung schickt pulsierende Hitze durch meinen Körper. »Du. Gehörst. Mir«, keucht er bei jedem Stoß und ich zerfließe. Dieser Mann ist etwas Besonderes. Und er löst besondere Gefühle in mir aus. Und er macht diese besonderen Dinge mit meinem Körper und meinem Verstand.

Ich komme mit einem schnellen heftigen Beben. Erzittere in seinen Armen. Kieran stöhnt laut auf, als meine Muskeln sich um ihn zusammenziehen. Er pumpt in mich und brüllt meinen Namen. Erschöpft sinke ich gegen seine Brust. Kieran zieht mich mit sich auf den Teppich vor dem Kamin. Ich bleibe nahe an ihn gedrängt liegen.

»Ich denke, ich habe deine Lektion verstanden.« Wie könnte ich nach dieser Lektion nicht jede Sekunde an Kieran denken, während ich mit Bill rede? Kieran geht mir auch so schon kaum noch aus dem Kopf. Ich muss immer an ihn denken. Er lenkt mich ab. Und ich sehne mich nach ihm, wenn er nicht da ist.

* * *

Ich sitze mit Bill am Hafen und blicke auf das Meer raus. Die Fähre hat eben angelegt. Das Wetter ist heute sehr angenehm. Bill ringt neben mir die Hände und sein Bein zuckt die ganze Zeit schon. Ich atme die salzige Luft ein, aber ich merke kaum noch, dass sie salzig ist. Ich habe mich an den Geruch von Meer längst gewöhnt.

»Du hast schon gesagt, dass es dir leid tut. Das ändert aber nichts«, erkläre ich Bill. »Die Art, wie du es mir gezeigt hast, die war verletzend. Nach all den Jahren hätte ich eine andere Art verdient, es zu erfahren.«

»Du solltest es so auch gar nicht erfahren. Ich hab dieses Foto gemacht, kurz nachdem es passiert ist. Ich war noch ziemlich betrunken, aber nicht so sehr, dass ich es dir geschickt hätte. Das war Bianca«, sagt er ernst. »Sie muss es geschickt haben, nachdem ich wieder eingeschlafen bin.« Er klingt als würde er es wirklich bedauern.

»Willst du damit sagen, wenn ich das Foto nicht bekommen hätte, dann hätte ich es nicht erfahren? Dann hat Bianca sich am Ende ja doch noch als Freundin bewiesen, indem sie mich vor dem Fehler, dich zu heiraten, bewahrt hat«, sage ich ironisch.

»Nein«, wirft Bill verzweifelt ein. Diesmal kann ich die Tränen in seinen Augen wirklich sehen. Sie sind also keine Einbildung. Und sein Schmerz trifft jetzt irgendwie auch mich. Ist es nicht doch nur Mitleid, das ich mit ihm habe? Oder ist da etwas, das tiefer geht. Liebe ich ihn doch? »Ich hätte es dir gesagt, nur nicht sofort. Ich hatte mir noch nicht einmal überlegt, wie ich es dir sage.«

»Du glaubst also, es gibt eine nicht schmerzhafte Art, es zu sagen?«

»Nein, das auch nicht.« Er ringt wieder seine Hände und weicht meinem Blick aus. »Was du an ihm gut findest, ist nur, dass er sich neu und fremd anfühlt. Aber das ist nichts, worauf man eine Beziehung aufbauen kann«, flüstert er. »Und wenn ihr es doch schaffen solltet, dann wird sich auch zwischen euch irgendwann der Alltag einstellen und das Aufregende ist weg.«

Ich kneife die Lippen fest zusammen und beobachte eine Möwe, die ihre Runden über dem Hafen fliegt und dabei laut schreit. »Bill, dieses Aufregende habe ich bei uns nie gespürt.«

Er sieht mich erschrocken an. »Das ist nur so, weil wir uns schon immer gekannt haben. Wir waren uns nie unbekannt.« Hat er recht? Liegt dieses fehlende Prickeln unter der Haut daran, weil wir uns nie fremd waren? Weil Bill nie aufregend neu war für mich? Was, wenn er recht hat, und man auf dieses Gefühl keine Beziehung aufbauen kann? Ich weiß ja nicht einmal, ob Kieran eine Beziehung überhaupt im Sinn hat. Wahrscheinlich nicht, wenn man seine Erfahrungen in der Vergangenheit bedenkt.

»Wir waren die besten Freunde, weißt du das?«, sagt Bill jetzt. »Zwischen uns lief es perfekt und dann habe ich diesen blöden Fehler begangen.«

»Es lief für dich perfekt«, werfe ich ihm vor. »Hast du nicht bemerkt, was aus mir geworden ist? Ich habe mich für dich aufgegeben. Stell dir vor, wir hätten erst einmal ein Kind gehabt, dann wäre ich ganz verschwunden, während du dein Leben gelebt hättest.«

Bill verzieht das Gesicht. »So siehst du unsere Beziehung? Wenn du mehr Freiraum gewollt hast, warum hast du ihn dir nicht genommen? Ich habe dich nicht eingesperrt.«

»Ich weiß«, sage ich sanfter. Ich beuge mich zu ihm rüber und hauche ihm einen Kuss auf die Wange. »Ich werde jetzt gehen.« Damit stehe ich von der kleinen Mauer auf, auf der wir gesessen haben.

»Bitte denk darüber nach«, sagt er traurig. Ich nicke. Mehr kann ich ihm nicht geben. Aber es gibt einige Dinge, die er gesagt hat, die mich mit gemischten Gefühlen zurücklassen. Ich glaube, er hat nicht ganz unrecht.

* * *

Ich bin allein, als ich Sumburgh Castle betrete. Das gibt mir die Möglichkeit, über Bill und Kieran nachzudenken. Zumindest ist es das, was ich tun wollte. Aber dann gehe ich doch in mein Zimmer, hole Isobels Tagebücher und beschließe, nicht über die beiden nachzudenken, sondern mich von dem abzulenken, das an mir zerrt. In den letzten Tagen habe ich Sumburgh Castle schon recht gut erkundet. In der ganzen Burg gibt es gewölbte Decken, mannshohe Kamine und viel Stein. Es gibt nur einen Ort, den ich noch nicht gesehen habe: den viereckigen Turm, der sich an der linken Seite des Gebäudes über vier Etagen erhebt. Ich ziehe mich warm an und nehme mir noch eine Wolldecke mit, denn ich möchte ganz nach oben und sehen, was sich hinter den Zinnen, die man von unten gut sehen kann, befindet.

Ich laufe den langen Korridor entlang, bis ganz zum Ende, wo eine niedrige Rundbogentür aus Holz den Zugang zum Turm versperrt. Ich öffne sie. Sie quietscht leise. Es ist stockfinster im Turm und ich kann gar nichts erkennen, außerdem weht mir kalte modrige Luft entgegen. Ich taste mich langsam die Stufen nach oben, die sich sehr abgetreten unter meinen Schuhsohlen anfühlen. In regelmäßigen Abständen komme ich an einem Fenster vorbei, das gerade groß genug ist, um hinauszusehen. Ich vermute, früher waren diese Fenster unverschlossen, mittlerweile hat man richtige Fenster einbauen lassen. Die kalte Luft kommt wohl durch die Steinmauern selbst.

Als ich ganz oben bin, wartet dort wieder eine niedrige Tür auf mich, ich stoße sie auf und blinzle gegen das helle Sonnenlicht an. Eine kreischende Möwe begrüßt mich im Tiefflug. Als sich meine Augen an das Licht gewöhnt haben, sehe ich mich um. Hier oben wächst Moos auf den Steinplatten, von denen einige zerbrochen sind. Es gibt einen kleinen Tisch mit Mosaiks und zwei Stühle. Ich laufe über den leicht unebenen Boden zu den Zinnen und sehe zum Horizont. Auf der ersten Seite kann ich einen Hügel und Schafe entdecken. Auf der zweiten glaube ich die Gemeinde, den Hafen und den Pub zu sehen. Die dritte Seite erschrickt mich, denn ich kann die Klippe sehen, auf der Sumburgh Castle steht und von der man das Rauschen der Wellen hören kann, wenn man vor der kleinen Burg steht. Auf der vierten Seite ist der Eingang und der schmale Weg, der zur Burg führt, zu sehen. Ich setze mich zwischen zwei Zinnen und schlage Isobels Tagebuch auf. Die Sonne wärmt mein Gesicht und ich fühle mich rundum wohl.

19. Juli 1923

Wir haben es wirklich bis nach Mull Heat geschafft. Ich hatte schon befürchtet, unsere Pläne würden vom Wetter durchkreuzt. Aber der Fischer hat den aufziehenden Sturm ignoriert und uns übergesetzt. Ich kann es noch immer nicht glauben! Ich bin verheiratet mit Scott Green. Und es war die schönste Nacht überhaupt. In seinen Armen zu liegen und auf diese intime Weise mit ihm verbunden zu sein, hat den anfänglichen Schmerz des ersten Males in Vergessenheit gedrängt. Jetzt, nachdem wir eine Nacht auf Mull Heat verbracht haben und die Ehe vollzogen haben, gelten wir als verheiratet und niemand kann daran etwas ändern. Scott und ich sind Mann und Frau. So ist es hier schon immer Tradition gewesen. Gleich wird der Fischer uns wieder abholen und Vater wird es akzeptieren müssen, dass ich Sean McGregor nicht heiraten kann, weil ich schon verheiratet bin. Diese Nacht war trotz der Decken und der warmen Kleidung kalt gewesen und ich bin recht durchgefroren, aber all die Strapazen haben sich gelohnt.

Ich schlucke. Ist Isobel durch den Druck verrückt geworden? Seit wann ist man verheiratet, wenn man auf einer Insel Sex hat? Ich schüttle den Kopf und suche in meinen Erinnerungen nach einer Erklärung, aber von einer solchen Tradition habe ich noch nie gehört. Ich kichere, als mir einfällt, dass auch ich Sex mit Kieran auf dieser Insel hatte. Natürlich ist es lächerlich, denn wir sind nicht verheiratet. Je mehr ich darüber nachgrüble, desto mehr komme ich zu dem Entschluss, dass Scott Green ein Schwerenöter war, wie man solche Männer damals nur zu gerne nannte. Wahrscheinlich hat er Isobel diese Geschichte aufgetischt, um sie dazu zu bringen, ihm ihre Jungfräulichkeit auf dem Silbertablett zu servieren. Das arme Mädchen. Ich schlage die nächste Seite auf, weil ich zum einen Mitleid mit Isobel habe und zum anderen wissen will, was ihr Vater von dieser Sache hält. Wahrscheinlich hat er Scott Green gehörig zu Brei geschlagen.

21. Juli 1923

Wie konnte Vater das nur tun? Nicht der Fischer hat uns von der Insel geholt, es war Vater. Und er hat Scott einfach auf Mull Heat zurückgelassen. Wahrscheinlich ist er längst tot. Der Gedanke schmerzt mich zutiefst. Ich fühle mich erstarrt und hilflos. Ich hasse Vater. Er ist ein Mörder! Und alle anderen sind auch Mörder! Ich bin über ganz Fair gelaufen, um jemanden zu finden, der Scott rettet, aber niemand wollte mir helfen, weil niemand hier sich gegen den Chieftain der McDougals stellen will. Ich habe die Fischer und den Fährkapitän angefleht, mir zu helfen, Scott von Mull Heat zu befreien. Ich möchte auch sterben, damit ich bei Scott sein kann. Er ist doch mein Ehemann! Aber Vater hat nur gelacht. Es interessiert ihn nicht. Er meinte nur, dass es wohl noch nie eine Braut gegeben hat, die so schnell zur Witwe wurde. Vater weiß längst, dass Scott den Sturm der letzten Nacht und die eisige Kälte nicht überlebt haben kann. Ich hasse ihn so sehr. Lieber Gott, bitte lass mich sterben!

Mein Puls rast und ich schnappe heftig nach Luft. Diese Tradition gibt es wirklich? Und Isobels Vater hat Scott zum Sterben zurückgelassen? Das Tagebuch in meinen Händen vibriert, weil meine Finger zittern. Und ich kann gerade nicht sagen, warum sie mehr zittern. Wegen der Gräuel, die man Scott Green und Isobel angetan hat, oder weil es diese Tradition scheinbar doch gibt. Und wenn es sie wirklich gibt, dann hat Kieran nicht gelogen, als er seiner Mutter gesagt hat, dass wir verheiratet sind. Hat sie deswegen gesagt, dass das Einiges erklären würde? Ich versuche die Szene noch einmal heraufzubeschwören, als Kieran seiner Mutter erzählt hat, dass wir auf Mull Heat geheiratet haben. Sie hat es nicht einmal infrage gestellt. Warum auch? Wenn es für eine Heirat auf Mull Heat nicht mehr als eine Nacht und zwei Menschen die Sex haben braucht, dann ist es schwer, nicht daran zu glauben. Diese Tradition macht heiraten so einfach wie in Las Vegas. Ich schüttle den Kopf. Nein, eine solch verrückte Tradition gibt es nicht. Die Möglichkeit, dass Isobel verrückt geworden ist, ist einfach höher. Vielleicht stimmt ja gar nichts von all dem, was in den Tagebüchern steht. Vielleicht ist alles nur Isobels Fantasie entsprungen und in ihrem Wahn hat sie sich die Klippe hinuntergestürzt. So muss es sein.

Ich schlage das Buch zu und steige den Turm wieder nach unten. Grübelnd gehe ich in die Küche und ärgere mich über die verschwendete Recherchezeit. Isobel hat mich glatt in die Irre geführt. Sie war wahnsinnig und deswegen ist sie jetzt tot. Armes Mädchen.

»Auch Kaffee?«, will Kieran von mir wissen. Er sieht herrlich verschwitzt aus. Er kommt wohl gerade vom Joggen.

»Warst du laufen?«

»Nein, in meinem Folterkeller.«

»Du hast einen Folterkeller?«, frage ich ohne wirkliches Interesse. Meine Gedanken kreisen noch um Isobel.

»Eigentlich ist es ein kleiner Fitnessraum im Keller.«

»Ach so, das erklärt die Muskeln«, sage ich beiläufig und nehme die Tasse, die Kieran mir hinhält. Ich spüre seinen musternden Blick auf mir.

»Was ist los?«, hakt er nach. »Was hat Bill dir angetan?« Er knurrt schon wieder.

»Bill hat nichts getan. Wir sind auf Isobel hereingefallen«, sage ich und setze mich an den Tisch. Der heiße Kaffee wärmt meinen Körper auf und ich seufze zufrieden.

Kieran setzt sich neben mich. »Warum?«

»Weil sie entweder irre war oder eine Geschichtenerzählerin. Da man sie am Fuß einer Klippe gefunden hat, denke ich, sie war irre.«

Kieran zieht fragend eine Augenbraue hoch. »Liebling, ich kann dir absolut nicht folgen.«

»Sie hat gedacht, sie ist verheiratet, nur weil sie Sex auf Mull Heat hatte. Kannst du dir das vorstellen? Sie schreibt, das wäre Tradition.« Ich kichere und nehme einen Schluck vom Kaffee. »Das würde bedeuten, wir sind auch verheiratet.« Ich kichere weiter und schüttele mich aus vor lachen, weil mir die Vorstellung einfach nur surreal vorkommt.

Kieran lacht nicht. Er sieht mich nur mit weit aufgerissenen Augen und starrem Blick an. Ich höre auf mit lachen und mustere ihn. »Was?«, frage ich. »Das ist lustig.«

»Ja, aus deinem Mund klingt das lustig. Aber es macht mir auch ein bisschen Angst, dass du es lustig findest.«

»Warum? Ich finde ja nicht Isobels Tod lustig, nur, dass sie an so etwas geglaubt und sich dann umgebracht hat. Okay, dass sie sich deswegen umgebracht hat, das ist nun wieder nicht lustig. Aber du weißt schon, was ich meine«, sage ich seufzend, weil Kieran noch immer keine Miene verzieht. Er findet das eindeutig nicht lustig.

»Wenn du wirklich über etwas lachen willst«, sagt er und nimmt meine Hände in seine, sieht mir zärtlich in die Augen.

»Es war keine Lüge, als ich meiner Mutter gesagt habe, dass wir verheiratet sind.«

Ich schnappe nach Luft und springe auf, dabei fällt mein Stuhl scheppernd um. »Willst du damit sagen, dass es diese Tradition wirklich gibt?«

»Genau das will ich damit sagen.« Er kommt langsam auf mich zu und hebt beschwichtigend seine Hände.

»Nein«, keife ich. »So was gibt es doch nicht. Ich bin auf gar keinen Fall mit dir verheiratet.« Mein Magen krampft und ich höre meinen Puls in meinen Ohren hämmern. »Oh, ich weiß! Du machst einen Witz und ich bin darauf hereingefallen.«

Kieran schüttelt den Kopf. »Ist die Vorstellung so schlimm?«

»Natürlich ist sie das! Ich kann nicht verheiratet sein.« Ich flüchte rückwärts vor Kieran um den Tisch herum.

»Warum kannst du nicht verheiratet sein?«, will er ruhig wissen. Seine Augen glühen regelrecht, als er mir langsam weiter um den Tisch herum folgt.

»Na weil ... Na eben, weil wir uns gar nicht kennen.«

»Du hast Bill wie viele Jahre gekannt? Und das lief wie gut?«

Ich stolpere und blicke zu Boden. Schlimm, wenn einem die eigenen Füße in die Quere kommen. »Das ist egal, man heiratet niemanden, den man nicht kennt. Das kann einfach nicht dein Ernst sein.« Ich laufe weiter rückwärts, weil er noch immer näher kommt.

»Ist es. Erinnerst du dich an das, was ich gesagt habe? Dass ich mir sicher bin, dass du die Eine bist? Das bin ich immer noch. Und ich habe dir gesagt, dass dir klar sein muss, dass wenn wir das durchziehen, du für immer mir gehörst.«

Ich schlucke entrüstet, als ich begreife, dass er genau das wirklich zu mir gesagt hat. »Aber das war nur dahergesagt in der Hitze des Gefechts.«

In seinen Augen blitzt etwas Listiges auf. »Hitze des Gefechts, sehr sexy«, murmelt er. »Es war nicht nur dahergesagt, es war das, was ich gemeint habe.«

»Aber ich habe nicht gewusst, dass du damit meinst: *Wenn ich dich jetzt ficke, bist du mein angetrautes Eheweib.* Und sieh mich nicht mit diesem *Ich-will-dich-sofort-vögeln-Blick* an.«

»Ich sehe dich mit diesem *Ich-will-dich-sofort-vögeln-Blick* an, weil ich verdammt nochmal total scharf auf dich werde, wenn du so aufgeregt und überhitzt bist. Und dass du es jetzt endlich weißt, dass du meine Frau bist, das macht mich noch mehr an.«

»Ich bin nicht deine Frau! Ich hatte keine Ahnung von dieser wahnwitzigen Tradition.« Ich bleibe stehen und beende das Umkreisen des Esstisches damit. Ich runzle die Stirn und werfe ihm den zornigsten Blick zu, den ich aufbringen kann. Und dieser Blick muss tödlich sein, denn er hält tatsächlich inne. Ich kann es noch immer nicht fassen. Wo bitte gibt es denn so eine Tradition? Es ist einfach unmöglich, dass diese Ehe vor dem Gesetz standhält. Wahrscheinlich wird man mich auslachen, wenn ich zu einem Anwalt gehe, um die Scheidung einzureichen. Nein, ich kann nicht daran glauben. Das kann nicht echt sein.

»Ich denke nicht, dass diese Ehe wirklich existiert. Heutzutage heiratet man vor Zeugen und vereidigten Beamten und vor dem Gesetz. Keiner wird diese Tradition ernst nehmen. Vielleicht noch vor hundert Jahren, aber doch nicht mehr heute«, schimpfe ich lauthals auf Kieran ein, der mich nur angrinst, seine Arme vor der Brust verschränkt.

»Du irrst dich, wir sind hier auf einer kleinen Insel weit ab von irgendwo. Diese Tradition gibt es noch.«

Ich schüttele energisch den Kopf. Werde ich jetzt auch verrückt? Aber seine Mutter hat sofort eingelenkt, als er den Namen der Insel erwähnt hat. Und Mrs Sheffield sagte erst kürzlich, dass ich jetzt eine von ihnen wäre.

»Mrs Sheffield!«, rufe ich aus und stürme an Kieran vorbei aus der Küche, schnappe mir den Telefonhörer und wähle die dreistellige Telefonnummer des Gemeindearchivs. Während ich warte, dass jemand abnimmt, wippe ich von einem Fuß auf den anderen. Verheiratet mit Kieran McDougal. Das ist ja wohl unfassbar! Nie im Leben.

»Gemeinde Fair, Archiv. Mrs Sheffield, guten Tag.«

Ich atme erleichtert aus. Gleich wird sich alles klären. Kieran lehnt lachend an der Wand neben mir. Ich möchte ihn am liebsten würgen. Dass er mit mir dieses üble Spiel treibt, werde ich ihm nie verzeihen. Und dann klärt er es noch nicht mal auf, sondern lässt mich erst die schlecht gelaunte Mrs Sheffield anrufen. Das geht wirklich zu weit. »Guten Tag, hier ist Jenna Summers. Ich hätte eine Frage.«

»Geht es wieder um Isobel?«

»Nein, diesmal nicht«, antworte ich angespannt. »Sie sagten kürzlich, dass ich jetzt eine von ihnen wäre. Warum?«

Sie kichert. »Die alte Mrs McDougal und die Ex-Mrs McDougal haben es erwähnt. Sie und Mr McDougal hätten die Ehe auf Mull Heat vollzogen.«

Ich schnappe nach Luft, gleich mehrfach, bevor ich wieder sprechen kann. »Wann haben sie das erwähnt?«

»Im Pub, sie haben sich lauthals deswegen gestritten. Die ehemalige Mrs McDougal wollte einfach nicht wahrhaben, dass es noch immer möglich ist, auf diese Weise zu heiraten.«

Ich reibe mir mit der freien Hand über die Stirn und habe das Gefühl, gleich brechen zu müssen. Kieran grinst glücklich vor sich hin. Würde er nicht zu weit wegstehen, hätte er längst meinen Fuß an einer empfindlichen Stelle gespürt. Bedauerlicherweise muss ich das verschieben. »Nun ja, ich muss gestehen, dass ich das wie die ehemalige Mrs McDougal sehe. Es ist unmöglich, dass so etwas in unseren Zeiten noch erlaubt ist.«

»Mrs McDougal ... ich meine Ms Summers, sagen Sie gerade, dass Sie es nicht wussten?«

»Nein, wusste ich nicht.«

»Das tut mir leid. Ehrlich gesagt, haben wir alle uns schon über die Zügigkeit, die Sie an den Tag gelegt haben, gewundert.«

»Zügigkeit?«, keife ich und spüre Hitze in mein Gesicht schießen. »Wollen Sie mir jetzt unterstellen, ich hätte mich zu schnell von Kieran ins Bett ziehen lassen?«

»Entschuldigen Sie. Das wollte ich so nicht sagen. Ich kann Ihnen jetzt leider nur mitteilen, dass Sie nach Insel-Gesetz mit Kieran McDougal verheiratet sind.«

Ich schlucke heftig. »Nein, nein! Das ist unmöglich. Ich hatte keine Ahnung. Und wenn ich nicht davon wusste, dann ist diese Ehe doch ungültig.«

»Leider nein«, sagt Mrs Sheffield mit Bedauern in ihrer Stimme. Kieran gluckst leise vor sich hin und ich erschieße ihm mit giftigen Pfeilen aus meinen Augen.

»Sie können nichts dafür«, sage ich. Nur ich kann etwas dafür, denn ich habe mich von diesem Hinterwäldler verführen lassen und jetzt stecke ich im Schlamassel. »Vielen Dank. Ich muss jetzt erstmal jemanden töten. Ich melde mich bei Ihnen, wenn ich fertig bin.« Damit lege ich auf und Kieran fängt laut an zu lachen und schüttelt den Kopf.

»Liebling, reg dich nicht so auf.«

»Ich rege mich aber auf. Und ich will die Scheidung. Gibt es dafür auch eine Tradition? Wenn die beinhaltet, dass ich dich auf Mull Heat umbringen muss, dann lass uns sofort fliegen. Ich hole nur noch ein großes Messer aus der Küche.«

»Nein, so eine Tradition gibt es nicht. Ehrlich gesagt, wollte ich nicht einmal, dass es soweit kommt. Eigentlich dachte ich, es würde nie jemand erfahren, dass wir auf Mull Heat Sex hatten. Und als Alexandra dann mit meiner Mutter hier aufgekreuzt ist, da dachte ich, nur das ist der einzige Weg, sie wieder loszuwerden. Ich hatte keine Ahnung, dass sie die Sache dann auf der Insel verbreiten und es wirklich offiziell machen würden.«

»Du meinst also, du hättest unsere Ehe vor allen geheim gehalten, selbst vor mir, wenn deine Ex nicht zufällig hier aufgetaucht wäre. Ich bin also wirklich nur dein Notnagel?«

Er kommt auf mich zu. »So meinte ich das nicht. Du bist nicht mein Notnagel, Liebling.«

»Sag nicht immer Liebling zu mir.«

»Schatzilein?«

Ich knurre ihn an und gehe auf die Treppe zu. »Ich will die Scheidung!«

Kieran seufzt hinter mir, aber ich sehe mich nicht mehr nach ihm um. Ich muss dringend hier weg. Ich bin verheiratet und hatte keine Ahnung davon. Wie kann er das nur tun? Und warum scheint er so glücklich damit. Ich bin es kein bisschen. Nein, ich bin stinksauer. Fühle mich benutzt und dumm. Und ich hasse ihn dafür. Hat er sich nur lustig über mich gemacht? Mein Herz schmerzt, in meiner Brust drückt es und eigentlich will ich ihn nur in die Arme schließen und mich von ihm trösten lassen. Aber er ist es, der mir das angetan hat. Und ich weiß nicht, was ich davon halten soll. Ich bin verheiratet und das ganz ohne Brautkleid, Torte und Gäste. Dafür mit einer sehr, sehr langen, ziemlich verruchten Hochzeitsnacht. Und wenn ich an diese denke, dann wird mir ganz schwindelig vor Sehnsucht nach seinen Berührungen. Mein einziger Trost ist, dass er selbst jetzt auch in dieser Ehe feststeckt.

9. Kapitel

Hastig werfe ich meine Sachen in meine Rollkoffer. In etwa einer Stunde legt die Fähre ab, die auch Bill nimmt. Das kann ich schaffen. Ich weiß, dass ich hier verschwinden muss. Aber es tut auch weh, Kieran hinter mir zu lassen. Aber was sein muss muss sein und deswegen schnappe ich mir meinen Mantel und renne eilig aus dem Haus. Und bleibe genervt stehen.

»Verdammtes Inselwetter«, schreie ich gegen den tobenden Wind an. Wasser läuft mir die Wangen herunter und das sind keine Tränen. In Sekunden bin ich pitschnass und dann kracht es auch noch ohrenbetäubend laut über meinem Kopf. Hinter mir wird die Eingangstür zum Castle geöffnet.

»Besser du kommst wieder rein. Heute geht keine Fähre von hier weg«, ruft Kieran und ich kann sein breites zufriedenes Grinsen regelrecht spüren. Ich bin versucht, einfach weiterzulaufen. Nur weg von hier, aber da zuckt ein weiterer Blitz über mir und dann knallt es wieder ohrenbetäubend. Ich möchte alles verfluchen, inklusive des Herren im Himmel, der sich wohl köstlich über mich amüsiert. Ich will wirklich nicht wieder in dieses Castle, schon allein deswegen, weil ich nicht in Kierans breit zufriedenes Gesicht schauen will, wenn ich mich ergeben muss und vor ihm als Verliererin dastehe. Aber bei diesem Unwetter die halbe Insel überqueren, nur um dann zu erfahren, dass weder im Pub noch im Observatorium Zimmer zu haben sind, darauf habe ich auch keine Lust. Also straffe ich die Schultern und recke das Kinn vor und wende mich mit bitterem Blick zu Kieran um, der noch immer darauf wartet, dass ich wieder in sein Zuhause zurückkehre.

Ich stolziere mit erhobenem Haupt an ihm vorbei und ohne Unterbrechung auf die breite Freitreppe zu. »Ich werde nicht mit dir reden«, werfe ich ihm über die Schulter zu und gehe mit meinen Koffern nach oben. Meine Koffer hebe ich absichtlich nicht an und lasse sie laut über die Stufen poltern, damit sie eine feuchte Spur auf dem roten Teppich hinterlassen. Ich weiß, eine richtige Rache ist das nicht, aber vorerst besser als gar nichts. Und da ich ja jetzt mit Kieran verheiratet bin, gehört wohl die Hälfte von Sumburgh Castle mir, also darf ich es auch beschmutzen. So!

Auf der oberen Stufe angekommen, höre ich Kieran noch immer laut lachen, dann flackert das Licht und ich stehe im Dunkeln. »Was zur Hölle soll das nun wieder, Mr Neandertaler?«

Kieran lacht noch lauter auf. »Du wolltest doch nicht mit mir reden. Aber das war ich nicht. Das passiert hier schon mal bei Unwetter. Das nennt man einen Stromausfall.«

»Oh, wie klug wir doch sind«, sage ich giftig und taste mich langsam durch die Dunkelheit in Richtung meines Zimmers. »Schade, dass du nicht immer so klug bist, dann wäre ich jetzt nicht deine Ehefrau und müsste mich um eine Scheidung kümmern, wo ich doch gar keine Hochzeit hatte.«

Ich höre seine schweren Schritte auf der Treppe, dann muss er irgendwo hinter mir stehen. Ich höre das Schaben von Holz, als er einen Schrank öffnet, dann blitzt ein Feuerzeug auf und er zündet eine dicke rote Kerze an. Er leuchtet mir zu meinem Zimmer. In seinem Gesicht zucken noch immer die Mundwinkel, aber ich spüre auch die Anspannung, die von ihm ausgeht. Er ist also doch nicht so gut gelaunt, wie er mir glauben machen will. Ich öffne die Tür zu meinem Zimmer, zerre meine Koffer rein und nehme Kieran dann mit einem falschen Lächeln die Kerze ab. Dann werfe ich ihm die Tür vor der Nase zu.

»Liebling, lass uns über diesen Unsinn mit der Scheidung reden«, höre ich ihn durch die Tür betteln.

»Unsinn? Diese Ehe ist Unsinn!«, keife ich zurück, dabei fährt mir ein Stich direkt ins Herz. Denn in Kierans Armen zu liegen, seinem Herzschlag zu lauschen und seinen Duft einzuatmen fühlt sich kein bisschen nach Unsinn an. Es fühlt sich gut an und so sollte es doch eigentlich sein, wenn man sich liebt. Dieses zerrende Gefühl, wenn der andere nicht in der Nähe ist und man ihn spüren will. Der schnelle Atem, das Verlangen und die verwirrenden Gefühle, wenn er dich anblickt. All das ist doch richtig. Und doch hat er mich verraten, hat mit mir gespielt. Und das fühlt sich nicht richtig an.

Ich sehe zum Fenster raus, wo sich noch immer schwarze Wolken türmen. Es ist erst Mittag und dort draußen ist finstere Nacht. Eigentlich sollte ich wütend sein, aber ich muss lächeln. Diese Insel ist wie Kieran, sehr wechselhaft in ihren Launen. Mal sanft und zärtlich und dann wieder wütend und dominant. Sie werden mir wohl beide fehlen, sollte ich jemals hier wegkommen. Ich setze mich auf mein Bett, ein Lufthauch weht durch mein Zimmer und meine Kerze auf dem Nachttisch erlischt. Ich sitze schon wieder im Dunkeln da. Ein Blitz zuckt und erhellt den Raum und für den Bruchteil einer Sekunde sehe ich eine Gestalt vor mir stehen. Es geht so schnell, dass ich nicht einmal sicher bin, ob ich sie wirklich gesehen habe, aber ich glaube, sie trug ein weißes Kleid und deswegen schreie ich jetzt wie wahnsinnig und renne auf die Tür zu, reiße sie auf und pralle gegen Kierans Brust, der mir seine Arme um den Körper schlingt, damit ich nicht falle.

»Was ist denn los?«

»Hier spukt es!«, schimpfe ich keuchend.

»Was? Nein? Du irrst dich.«

»Willst du etwa sagen, dass ich geistig nicht auf der Höhe bin«, keife ich ihn an. Auch mir ist klar, dass ich unmöglich Isobel gesehen haben kann. Aber ich werde mir nicht gefallen lassen, dass ein Neandertaler mir unterstellt, nicht ganz richtig im Kopf zu sein. »Sie hatte ein weißes Kleid an. Genauso wie auf dem Foto. Und ich weiß, was ich gesehen habe. In deinem Haus spukt es.« Ich befreie mich aus seiner Umarmung und sehe vorsichtig zur offenen Tür meines Zimmers.

»Du bist nur etwas überlastet, das ist nicht weiter schlimm, immerhin hast du eben erst geheiratet und da kann eine Frau schon mal etwas durch den Wind sein«, murmelt er beruhigend. Er hebt die Kerze in seiner Hand und leuchtet in mein Zimmer. Er grinst breit und sieht mich wieder an.

»Ich gehe nicht wieder dort rein. Und wenn ich dich erinnern darf, ich habe nicht geheiratet. Ich bin geheiratet worden, weil meinem Ehemann nichts besseres einfiel, um seine nervige Exfrau loszuwerden.«

Kieran dreht sich zu mir um, jetzt steht Zorn in seinem Gesicht und ich weiche einen Schritt zurück. »Ich hatte Sex mit dir auf dieser Insel, weil ich es wollte. Und ich wusste, was das bedeuten würde. Und ich habe es gerne getan, weil ich dich verdammt noch mal liebe!«

Ich schlucke heftig und mein Mund klappt auf. Ich muss den Schock von mir blinzeln. »Du kennst mich doch gar nicht.«

»Ich kenne dich! Du bist zärtlich, wahnsinnig anstrengend, unglaublich sexy und kein bisschen oberflächlich. Und du bist absolut natürlich und ungekünstelt. Und dich nur anzusehen, lässt in meinem Kopf Bilder auftauchen, die ich sofort in die Tat umsetzen will.« Er kommt langsam näher und ich schüttele abwehrend den Kopf. »Lass uns nicht mehr streiten«, sagt er jetzt zärtlich. »Wenn du die Scheidung willst, dann bin ich damit einverstanden. Es tut mir leid, dass ich dich überrumpelt habe, das war nicht richtig. Aber ich konnte an dem Tag auf der Insel nicht mehr klar denken. Und eigentlich wollte ich diese Nacht nicht dazu benutzen, um Alexandra eins auszuwischen. Du verwirrst mich und lässt mich Dinge wünschen, die ich nicht haben kann: eine tolle Frau und vielleicht irgendwann eine Familie.«

Ich seufze und mein Magen dreht sich um, bei dem was er sagt. Nicht weil mir übel wäre, sondern weil mich berührt, was er sagt. Aber ich kann ihm unmöglich verzeihen. Vielleicht hätte ich das können, wenn diese Nacht unter uns geblieben wäre und wir nicht plötzlich ein verheiratetes Paar wären. »Du hast diese Nacht, die Tradition und mich also benutzt«, stelle ich wütend und enttäuscht klar.

»Nein, ich habe dich nicht benutzt. Ich hab nur nicht nachgedacht.« Kieran sieht über meine Schulter und lächelt plötzlich. »Das ist übrigens meine Haushälterin.«

Ich drehe mich verwundert um und sehe die Frau Mitte Vierzig hinter mir stehen, die ich schon einmal in der Küche gesehen habe. Sie trägt eine weiße Schürze und grüßt mich freundlich.

»Waren Sie in meinem Zimmer vorhin?«, frage ich verwirrt.

»Ja, das war ich. Ich wollte Sie nicht erschrecken.«

»Ich schätze, dann war sie wohl dein Geist.« Kieran grinst und ich schnaube. Ich trampele an ihm vorbei und gehe die Stufen nach unten.

»Ich habe Ihnen Essen bereitet, es steht auf dem Tisch im Esszimmer«, höre ich die Haushälterin noch sagen. Ich brummele unzufrieden vor mich hin. Wenigstens werde ich etwas in den Magen bekommen, wenn ich hier schon festsitze. Fest steht, bleiben kann ich unmöglich. Ich kann nicht mehrere Monate mit Kieran zusammenleben und so tun als wäre nichts geschehen. Ich stöhne leise auf. Kieran folgt mir mit der Kerze. Wir essen schweigend.

Kieran wirft mir immer wieder bedauernde Blicke zu und ich winde mich innerlich. Warum fühle ich mich schuldig?

Als wir mit dem Essen fertig sind, geht auch das Licht wieder an und ich bin erleichtert, Kierans traurigen Blicken zu entkommen. Ich gehe auf mein Zimmer und lege mich mit Isobels Tagebuch ins Bett. Ich muss mich ablenken, damit ich nicht wieder runter gehe und mich an Kierans Hals werfe, denn das ist es, was ich viel lieber tun würde, als mich von ihm scheiden zu lassen. Aber natürlich ist es unmöglich, mit ihm verheiratet zu bleiben. Man heiratet nicht einfach mal so. Eine Ehe sollte gut durchdacht werden. Draußen rüttelt der Wind an allem, was er zu fassen bekommt. Zuerst kann ich mich kaum auf das konzentrieren, was Isobel geschrieben hat, aber als die Wut und Aufregung sich langsam legen, hören die Worte vor meinen Augen auf zu tanzen.

27. September 1923

Scott fehlt mir so sehr. Ich werde Vater niemals verzeihen, was er ihm angetan hat. Ich erzähle es jedem auf Fair immer und immer wieder, aber keiner will es hören. Niemand hat auch nur den Versuch unternommen, nach Mull Heat zu fahren und Scott wenigstens zu begraben. Ich darf nicht daran denken, dass er tot ist. Es zerreißt mir die Eingeweide. Mir ist nur eine Winzigkeit von ihm geblieben. Heute hat es die Hebamme bestätigt: ich bin schwanger. Und es gibt nur einen Mann, der der Vater dieses Kindes sein kann. Ich habe es den Eltern noch nicht gestanden, aber wie ich die alte Nelly Falk kenne, werden sie es bald wissen. Die einzige Hebamme auf Fair ist ein Klatschweib und kann nichts für sich behalten. Ich bin jetzt eine schwangere Witwe. Der McGregor wird mich niemals heiraten. Welchen Handel Vater auch immer mit ihm abgeschlossen hat, er wird nicht zustandekommen. Es ist nicht richtig von mir, aber ich bin schadenfroh deswegen. Mit diesem Kind in meinem Körper, das ein Teil von Scott ist, sollte ich glücklich sein, aber das bin ich nicht. Das Loch in meiner Brust ist zu groß. Und ich fühle mich hier auch nicht mehr Zuhause. Da sind die Blicke der anderen und Vaters abgrundtiefe Enttäuschung. Er spricht nicht mehr mit mir. Mutter auch nicht. Ich bin so einsam, dass es an mir frisst. Und wenn Vater und Mutter erst von meinem Kind erfahren, dann wird es noch schlimmer werden. Manchmal glaube ich, dass nur der Tod noch eine Erlösung wäre.

Isobels Schrift ist an einigen Stellen verschwommen. Sie hat geweint, als sie diese Zeilen geschrieben hat. Ich kann nicht fassen, dass sie schwanger war. Davon stand nicht einmal etwas im Obduktionsbericht. Ich bin mir sicher, dass man versucht hat, ein schlimmes Familiendrama zu vertuschen. Der Vater, der den Ehemann zum Sterben zurücklässt. Die Einwohner von Fair, die nichts unternommen haben. Und eine verzweifelte junge Frau, die schwanger war. Ich blättere schwermütig und mit Tränen in den Augen zur nächsten Seite, obwohl ich weiß, dass nichts mehr im Buch stehen kann, denn der 27. September ist Isobels Todestag. Und plötzlich bin ich mir gar nicht mehr so sicher, ob sie nicht doch freiwillig in den Tod gesprungen ist. Was man ihr angetan hat, das war grauenhaft und kaum zu ertragen für eine so hilflose junge Frau. Und doch gibt es noch einen Eintrag auf der nächsten Seite. Er ist in einer gröberen Handschrift verfasst und wurde erst Jahre später geschrieben.

27. September 1943

Unsere Truppen haben Teile Italiens eingenommen und drängen die Deutschen langsam aus dem Land. Vor einem Monat haben Flieger der Royal Air Force eine Raketen-Versuchsanstalt in Peenemünde bombardiert. Ganz Europa leidet unter dem Krieg. Nur wir hier auf Fair bekommen kaum etwas mit. Unsere Abgeschiedenheit erweist sich als Geschenk. Aber diese Insel sollte verflucht sein. Ich habe sie verflucht. Ich habe die schlimmsten Gräuel begangen und manchmal bin ich mir sicher, dass mich nichts von einem Nazi unterscheidet. Ich habe drei Menschen auf dem Gewissen. Den Ehemann meiner Tochter, den ich auf Mull Heat zurückgelassen habe, im Wissen, dass er keine drei Tage auf dieser Insel überleben wird. Für meine Tochter müssen das die schlimmsten Tage ihres Lebens gewesen sein. Ich habe mich ihr gegenüber wie ein Teufel verhalten. Ich bin ein Teufel, denn ich, Henry McDougal, habe meine Tochter und ihr ungeborenes Kind getötet. Es gibt keine Entschuldigung, für das, was ich getan habe. Ich habe mein eigen Fleisch und Blut verkauft, um verbergen zu können, dass ich über die Jahre Schulden angehäuft habe. Und am Ende blieb mir aus diesem Handel nur eine Taschenuhr, die ich Dummkopf meiner Tochter Isobel als Verlobungsgeschenk von Sean McGregor übergeben habe. Und nicht einmal die Uhr ist mir am Ende geblieben, denn Isobel hat sie mit in den Tod genommen. Auch wenn alle sagen, sie hätte sich umgebracht. Ich war es, der sie in den Tod getrieben hat. Ich bin schuld. Und ich kann mit dieser Schuld keinen einzigen Tag leben. Wenn ich nicht so ein Feigling wäre, würde ich Isobel folgen. Aber ich war immer schon ein Feigling. Damals, als ich meine Tochter für Geld verkauft habe. Und heute bin ich es auch noch.

Ich schlage das Buch zu und wische mir die Tränen aus dem Gesicht. Isobels Vater hatte recht. Er hat seine Tochter umgebracht. Er hat nicht Hand an sie gelegt, hat sie nicht gestoßen, aber er war es, der die Waffe geladen hat, damit sie den Abzug betätigen konnte. Meine Brust fühlt sich wie zugeschnürt an. Die ganze Insel hat sich damals schuldig gemacht. Schuldig an Scott Green, schuldig an Isobel McDougal und schuldig an einem ungeborenen Baby. Ich fühle mich leer und schockiert. Auch wenn am Ende feststeht, dass Isobel freiwillig in den Tod gesprungen ist, spüre ich deswegen keine Erleichterung. Ihre Geschichte berührt mich sogar noch tiefer. Sie ist mir wichtig geworden. Ich fühle mich mit ihr verbunden, nicht nur durch ihre Tagebücher und ihr schlimmes Schicksal, sondern auch, weil wir beide auf Mull Heat geheiratet haben. Ich habe das Gefühl, dass uns das zu Schwestern macht. Obwohl sie von der Tradition wusste und ich nicht. In den letzten Tagen ist Isobel McDougal ein Teil von mir geworden. Und ich weiß, was ich zu tun habe. Ich werde ihre Geschichte aufschreiben, so wie sie gewesen ist. Ohne ein glückliches Ende, sondern mit aller Schwere und Traurigkeit. Wenn ich morgen abreise, dann tue ich das weit vor der Zeit, aber ich tue es mit einer der traurigsten Liebesgeschichten im Gepäck. Und als verheiratete, bald geschiedene Frau. Fair ist eine kleine und unscheinbare Insel, aber sie hat ihre Spuren in meinem Leben hinterlassen.

10. Kapitel

Gemeinsam mit Bill, der gestern dank des Sturms auch nicht von der Insel kam, steige ich auf die Fähre. Mir ist schon jetzt ganz übel und mein Magen wehrt sich vehement gegen die bevorstehende Folterfahrt, aber anders kommt man nun mal heute nicht von dieser Insel. Wohlwissend, dass mir in der Enge des Passagierraums nur noch schneller übel wird, bleibe ich an der Reling stehen. Damit, dass ich einen letzten sehnsüchtigen Blick auf Fair werfen will, hat das gar nichts zu tun. Und natürlich hofft auch kein winziger Teil in mir, dass dieser Neandertaler, der mein Ehemann ist, plötzlich doch noch auftaucht, um mich aufzuhalten. Als ich heute Morgen mit meinen Koffern die Stufen runtergepoltert bin, war er längst nicht mehr da. Heute gab es auch kein Frühstück für mich, er ist also noch immer sauer auf mich.

Dabei hat er gar keinen Grund, wütend zu sein. Ich bin diejenige, die unerwartet geheiratet wurde von einem fremden Mann. Zu seiner Verteidigung sollte ich vielleicht anmerken, dass so was eben passiert, wenn man mit attraktiven Unbekannten schläft. Die Fähre legt ab und Bill stellt sich neben mich. Ich kneife die Augen zusammen, um besser sehen zu können, was sich am Hafen abspielt, als wir uns langsam entfernen. Aber mein Neandertaler taucht nicht auf, um noch einmal zu winken. Und dass er sich nicht einmal von mir verabschiedet, tut mir mehr weh, als ich vermutet hätte. In meiner

Brust wühlt ein wehmütiger Schmerz, der sich mit jeder Minute, die wir uns weiter entfernen, verstärkt und sich in Angst und Sehnsucht verwandelt. Dieser arrogante, dominante attraktive Hinter... Mann hat mit mir gespielt, hat mich benutzt und ich klammere mich mit Tränen in den Augen an diese Reling, und verfluche nur eins, nämlich, dass er nicht versucht hat, mich zurückzuhalten. Was ist nur los mit mir? Und während Fair langsam immer kleiner wird, wünsche ich mir nichts mehr, als noch einmal seine Lippen auf meinen zu spüren, seine dunkle Stimme an meinem Ohr zu hören oder wenigstens noch einmal mit ihm streiten zu können.

»Gut, dass wir endlich von dieser Insel verschwinden«, sagt Bill neben mir.

Ich sehe ihn nicht an, starre weiter auf Fair, das sich in der Ferne langsam auflöst, während sich ein Kloß in meinem Hals bildet und ich nicht sagen kann, was mir mehr fehlen wird: Fair oder Kieran. Aber in dem Moment, wo ich seinen Namen denke, zieht sich meine Brust zusammen und ich weiß, ich werde ihn mehr vermissen. Sein freches Grinsen, die Art wie er mich ansieht, dass er mir gerne befiehlt und dass er so fürsorglich sein kann, dass er mir bei schlechtem Wetter sogar mit seiner Cessna nach Kirkwall folgt, um mich abzuholen. Bill hat nie etwas für mich getan. Für ihn war es eine Selbstverständlichkeit, dass ich alles für ihn tue.

»Wir werden gleich deine Sachen bei Cassy holen und dann wird alles wieder so sein, wie es war«, sagt er jetzt.

Ich seufze leise, als ich mir über die Stirn reibe, um den Kopfschmerz zu vertreiben. In meinen Koffern habe ich Isobels Tagebücher. Ich hoffe, ich werde Cassy und den Verlag von meinen Plänen überzeugen können. Sie werden bestimmt nicht glücklich sein, wenn sie hören, dass mein nächster Liebesroman kein Happy End hat. Zumindest aber kann ich meinen Plan doch noch in die Tat umsetzen, ich kann beweisen, dass auch Männer fernab der Großstädte Arschlöcher sind. Isobels Vater war ja wohl das größte Arschloch, das dieser Planet je gesehen hat.

»Wir verschieben die Hochzeit erstmal und sehen, wie es läuft«, meint Bill und legt seine Hand auf meine.

Die Fähre wiegt sich heute nur sanft hin und her und meinem Magen geht es noch immer gut. In der Ferne blitzt etwas am Horizont auf, vielleicht ein letzter Abschiedsgruß der Insel an eine flüchtende Braut. Ich lache bitter auf. Ich kann noch immer nicht glauben, dass ich verheiratet bin. Cassy wird vom Glauben abfallen, wenn ich es ihr erzähle. Meine Mutter auch. Ich kichere, weil ich mir vorstelle, wie Cassy und meine Mutter Kieran die Hölle heiß machen werden. Mein erster Weg wird wohl zu einem Anwalt sein, ich muss ja geschieden werden. Ich hoffe, dass ein Anwalt auch der richtige Weg ist. Schließlich musste ich mich noch nie scheiden lassen. Ich war ja auch noch nie verheiratet. Warum stimmt mich der Gedanke traurig? Natürlich, weil eine Scheidung etwas Trauriges ist. Das ist der Grund.

»Wenn du magst, können wir die Hochzeit natürlich auch wie geplant durchziehen.«

Ich sehe Bill an und runzle die Stirn.

»Okay, dann warten wir eben. Kein Problem.«

Bill redet die ganzen drei Stunden über Zukunftspläne, Heiratspläne, Kinderpläne. Ich setze mich auf die Bank an der Reling, recke mein Gesicht in den Himmel und lausche dem Meer, den Möwen und genieße die Sonne auf meinem Gesicht. Wir haben Ende Oktober. Es ist nicht warm, aber es fühlt sich gut an. Als wir in den Hafen von Kirkwall einlaufen, muss ich eingeschlafen sein, denn Bill zieht mich unsanft hoch. Ich blinzle verwundert und brauche eine Sekunde, bis ich mich orientiert habe. Mit meinen Koffern folge ich Bill von der Fähre und laufe fast in ihn rein, weil er plötzlich vor mir stehen bleibt. Dann wird er unsanft aus dem Weg geschoben und vor meinen Augen schwebt ein roter Kilt mit blau-grünen Karos. Ich lasse meinen Blick nach oben gleiten, bleibe an der breiten silbernen Gürtelschnalle hängen, auf der eine Art Schiff mit einem etwas merkwürdig geratenem Ritter abgebildet ist. Der Kiltträger räuspert sich und ich sehe nach oben.

»Kieran! Hat dir schon jemand gesagt, dass du einen Rock trägst?« Ich verkneife mir ein Lachen. Kieran packt mich am Oberarm, nimmt mir meine Koffer ab und zieht mich zur Seite, weil wir den anderen Passagieren den Weg versperren. Als er mich loslässt, blinzle ich heftig, aber er ist immer noch da. Hätte mir auch so bewusst sein müssen, dass er keine Einbildung ist, denn in meinem Magen flattert es aufgeregt und mein Herz droht mir aus der Brust zu springen.

Kieran knurrt leise. »Das ist ein Kilt.«

Bill bleibt nahe neben mir stehen. »Das ist ein Rock.« Er zuckt leicht zusammen, als ihn Kierans mörderischer Blick trifft.

»Was machst du hier?«, fahre ich Kieran an und verschränke trotzig die Arme vor der Brust, kann aber nicht verhindern, dass mein Blick immer wieder über seinen Kilt und seine weiß bestrumpften Waden gleitet. Verdammt sieht das sexy aus. Natürlich habe ich schon den einen oder anderen Mann im Kilt gesehen, sind ja in Britannien keine Seltenheit, aber Kieran macht einen sehr attraktiven Eindruck im Kilt. Bill wirft mir einen entrüsteten Blick zu. Ihm ist meine Musterung genauso wenig entgangen wie Kieran, der mich zufrieden anlächelt.

»Als ich heute Morgen vom Joggen nach Hause gekommen bin, musste ich feststellen, dass mein Eheweib sich davongeschlichen hat. Dabei hatte ich ganz andere Pläne für sie.«

Ich schlucke, runzle zornig die Stirn und stoße Kieran mit beiden Händen hart gegen die Brust. »Ich habe mich wohl nicht deutlich genug ausgedrückt. Ich bin nicht deine Frau!«

»Technisch gesehen bist du das«, sagt Kieran und lacht auf diese dunkle Art, die mir sofort zwischen die Schenkel schießt.

»Ist sie nicht. Sie ist meine Verlobte. Wir haben gerade eben unsere Hochzeit besprochen«, wirft Bill ein. Ich schnappe nach Luft und Kieran macht einen drohenden Schritt auf Bill zu. Ich schiebe mich schützend vor Bill und sehe Kieran ernst an.

»Haben wir nicht, Bill hat gesprochen und ich habe ihn ignoriert. Ich bin weder deine Frau noch seine Verlobte.«

Kieran beugt sich zu mir runter, die Hände in die Seiten gestemmt. »Dann wirst du mit mir kommen müssen und die Ehe annullieren müssen. Es gibt da nämlich eine kleine Sache, die ich noch nicht erwähnt habe.« Er wirft Bill einen abschätzigen Blick zu, packt mich am Oberarm und zieht mich ein Stück von ihm weg. »Unsere Ehe ist erst offiziell, wenn wir beide auf der Gemeinde unterschrieben haben oder wir sie nicht vor Ablauf von zwei Monaten als ungültig erklären.« Kieran kneift die Augen zusammen und kommt noch näher. »Oder jemand anderes das tut«, flüstert er mir ins Ohr. Dann richtet er sich wieder auf. »Du kannst diese Ehe nicht gerichtlich scheiden lassen, nicht solange sie nicht offiziell ist.«

Ich schlucke. »Was?«

Kieran sieht mich zufrieden an. »Und da gibt es noch eine Kleinigkeit. Du weißt, wie ernst ich es mit Schulden nehme?«

»Ja?« In meinem Magen braut sich ein ungutes Gefühl zusammen. Und das liegt nicht allein daran, dass Kieran mir gerade erklärt hat, dass ich zurück nach Fair muss, um die Ehe als ungültig erklären zu lassen.

»Ich schulde Cassy eine Menge, darüber waren wir beide uns einig.«

Ich nicke, werfe Bill einen flüchtigen Blick zu, der mich ungeduldig ansieht.

»Wir hatten sechs Monate abgemacht. Wenn ich also zulasse, dass du vor Ablauf dieser sechs Monate bei mir ausziehst, dann heißt das, dass ich meine Schuld nicht eingelöst habe. Und du verstehst doch, dass ich das nicht zulassen kann. Du wirst also die vollen sechs Monate bleiben müssen.« Kierans Grinsen wird bei jedem Wort breiter und breiter, während mein Kinn immer mehr gen Brust sinkt.

»Das ist nicht dein Ernst!«, keife ich entrüstet.

»Oh doch mein Liebling. Sechs Monate.«

Ich schüttle den Kopf und mache einen entsetzten Schritt rückwärts. Kieran kneift die Augen zu schmalen Schlitzen zusammen und gibt dieses dunkle Knurren von sich. Dann legen sich seine Hände um meine Taille und ich werde mit Schwung über seine Schulter geworfen.

»Was machst du da?«, will ich wissen und hämmere gegen seinen Rücken, als er sich mit mir in Bewegung setzt. Aus dem Augenwinkel kann ich sehen, dass Bill uns folgt.

»Ich verschleppe meine hübsche Braut auf meine Burg.«

»Lass mich sofort runter!«

»Lass sie sofort runter!«, brüllt auch Bill. »Entführung! Dieser Mann entführt gerade meine Verlobte!«, schreit er, doch außer kurzer Blicke von Umstehenden erntet er gar nichts.

»Nenn meine Frau noch einmal deine Verlobte und ich stampfe dich noch kürzer als du ohnehin schon bist.« Kierans Hand wandert an meinen Arsch und drückt fest zu. In meinem Unterleib zieht es heftig und Hitze durchströmt mich.

»Lass das gefälligst«, keuche ich und strample. »Hilfe! Ich werde entführt und belästigt«, rufe ich einer Frau zu, die mit einem Jungen am Straßenrand steht und die Szene mit hochgezogenen Augenbrauen verfolgt. Bill bekommt meinen Arm zu fassen und zieht an mir. Von irgendwoher kommt ein Polizist, packt Bill und hält ihn fest. Der schreit und flucht wie ein Wahnsinniger. Ein zweiter Polizist kommt mit meinen Koffern hinter uns her gelaufen. Was zur Hölle ist hier los? Ich werde entführt und der Entführer bekommt auch noch Hilfe vom Gesetz?

»Hallo Mr Polizist, es scheint Ihnen entgangen zu sein, aber hier findet gerade eine Entführung statt.«

Der Polizist sieht mich gar nicht an, sondern läuft mit starrem Blick hinter uns her. Kierans Hand an meinem Arsch wandert etwas weiter nach unten und schiebt sich zwischen meine Schenkel.

»Nimm sofort deine Hand da weg!«

»Ich liebe es, wenn du mich herumkommandierst. Wenn du wüsstest, wie erregend das hier gerade ist. Ich möchte dich am liebsten sofort gegen die nächstbeste Wand drücken und dich nehmen, bis dein Widerstand gebrochen ist.«

»Hier wird nichts genommen. Falls du es noch nicht verstanden hast, ich bin ein unfreiwilliges Opfer irgendeiner Hinterwäldlertradition.« Kierans Schulter bohrt sich in meinen Magen und das Auf und Ab seines Körpers bei jedem Schritt ist auch nicht besonders hilfreich. »Nur zu deiner Information, auch wenn ich deinen Rock sehr sexy finde, aber ich werde ihn jeden Moment vollkotzen, wenn du mich nicht runterlässt.«

»Das ist kein Rock.«

»Es sieht aus wie ein Rock. Ich hab zu Schulzeiten etwas ganz Ähnliches getragen.«

Kieran stoppt für einen Moment, dann geht er fluchend weiter. »Das war nicht hilfreich!«

»Was war nicht hilfreich?« Ich hämmere noch mal auf seinen Rücken ein. Ob er wohl wirklich nichts unter diesem Kilt trägt?

»Die Vorstellung von dir in einer Schulmädchenuniform.«

Ich lächle zufrieden in mich rein. »Glaub mir, da hast du nichts verpasst. Ich war ein unförmiger Teenager mit Zahnspange und einer dicken Brille.«

»Verdammt Weib! Hast du noch nie einen Porno gesehen? Du schilderst hier gerade den Traum eines jeden Mannes. Und ich trage nur einen Kilt.«

»Männer haben echt sehr merkwürdige Träume. Und was hat das mit dem Kilt ... Oh!«, mache ich und versuche einen Blick um Kierans Körper herum zu werfen, was mir nicht gelingt. Aber das Kopfkino reicht mir schon für einen heftigen Lachanfall. »Du kannst dir ja mein Höschen als weiße Fahne an deinen Mast binden. Ich trage heute weiße Baumwolle.«

Kierans Hand landet klatschend auf meinem Hintern. Ich zucke keuchend zusammen. »Das sollte dir eine Lehre sein. Und wenn du nicht diese vermaledeiten Hosen anhättest, dann würdest du dein Höschen schon lange nicht mehr tragen.«

Der Polizist mit meinen Koffern läuft noch immer hinter uns her. »Entführung! Sexuelle Belästigung!

Folter! Herr Polizist, ich will sofort Anzeige erstatten«, keife ich. Der Mann bleibt stehen, lässt einen Koffer los und wischt sich kopfschüttelnd über die Stirn, bevor er uns weiter folgt. »Warum unternimmt der Mann nichts?«

»Weil ich der Chieftain hier bin und damit auch irgendwie das Gesetz. Deswegen trage ich diesen speziellen Kilt, damit man mich auch erkennt.«

»Was?«, keuche ich. »Du hast hier das Sagen?«

»So in der Art. Seit mein Vater vor sechs Monaten gestorben ist.«

Mein Blick fällt auf den schwingenden Kilt vor mir. Ich grinse. Wenn ich hier schon rumhänge und der arme Mann hinter uns her rennen muss mit meinen Koffern, dann will ich ihm auch was bieten. Ich packe Kierans Kilt mit beiden Händen und ziehe den Stoff über seinen Hintern nach oben. Und verschlucke mich fast, als mein Blick auf seinen nackten Arsch fällt.

»Was tust du da?«, knurrt er ungehalten.

»Ich wollte nur mal nachsehen.«

Ich bekomme einen weiteren Schlag auf den Hintern und lasse den Stoff wieder fallen. Der Polizist grinst mich breit an und ich bin zufrieden. Dann werde ich heruntergelassen und auf den Boden gestellt. Kierans düsterer Blick entlockt mir nur ein Schulterzucken.

»In die Cessna. Sofort!«, befiehlt er.

Ich schüttele stur den Kopf und winde mich aus seinen Armen, nur um gegen eine weitere Wand in meinem Rücken zu stoßen und nach zwei metallischen *Ratsch Ratsch* festzustellen, dass der nette, aber nicht hilfreiche, Polizist mir Handschellen angelegt hat und meine Hände hinter meinem Rücken gefesselt sind. Mit einem Schmunzeln überreicht er Kieran die Schlüssel zu den Handschellen.

»Hab lange nicht mehr so viel Spaß gehabt«, sagt er lachend und lässt uns vor der Cessna stehen.

»Mach mich sofort los!«

»Erst, wenn du sicher verwahrt in meinem Bett liegst.«

»Das kannst du ganz schnell vergessen!«

Kieran zuckt lässig mit den Schultern, dann schiebt er mich die Stufen nach oben in die Cessna. »Vielleicht habe ich Glück und wir werden wieder von einem Sturm überrascht, dann können wir unsere Heirat auf Mull Heat noch einmal wiederholen.« Er setzt sich auf den Pilotensitz und wackelt mit den Augenbrauen.

»Gut, dass heute so schönes Wetter ist«, sage ich. »Ich werde dich bestimmt nicht noch einmal heiraten.«

Er kneift die Augen zusammen und brummt etwas. »Weib, du bringst mich noch um.«

»Das geht natürlich gar nicht, dann müsste ich meinen Beziehungsstatus auf Facebook schon wieder ändern.«

Kieran startet die Maschine, redet mit dem Tower das übliche unverständliche Bla bla und dann rollen wir los.

»Na gut«, sage ich zornig. »Dann fliegen wir eben zurück nach Fair. Ich werde die Ehe als ungültig erklären lassen und dann wieder nach Hause gehen. Als Single.«

»Um Bill zu heiraten?« Kierans harter Blick versetzt mir einen Schlag.

»Wie kommst du darauf?«

»Weil er gesagt hat, ihr hättet auf der Fähre Hochzeitspläne geschmiedet.«

»Er hat geschmiedet, ich habe ihn ignoriert.«

Kieran nickt. »Wenn du diese Ehe so unbedingt beenden willst, kann ich nichts dagegen tun. Aber du wirst die ganzen sechs Monate bleiben«, sagt er düster.

Ich kneife die Lippen zusammen und sehe nach unten auf das dunkle Wasser. Was sind schon sechs Monate? Das werd ich schon schaffen. »Keinen Sex!«, sage ich bestimmt. »Ich will nicht wieder auf irgendeine Tradition hereinfallen.« Kieran sieht mich nicht einmal an, aber ich kann die Wut und Enttäuschung in seinem Gesicht trotzdem sehen. Und ich würde lügen, wenn ich behaupten würde, dass es mir leicht fallen wird, mit Kieran unter einem Dach zu leben und meine Finger von seinem Traumkörper zu lassen. Verdammt, eigentlich spüre ich da eben gerade sogar eine merkwürdige unerklärbare Erleichterung in meiner Brust. Ich schüttle den Kopf. Die kommt nur daher, weil am Horizont Fair auftaucht. Nicht, weil Kieran getan hat, was ich mir insgeheim gewünscht habe, mich zurückzuholen. Hat mit Kieran nichts zu tun, dass mein Herz schneller schlägt, wenn ich ihn ansehe.

* * *

Kieran schließt meine Handschellen auf und schiebt mich in mein Zimmer. Auf dem Schreibtisch steht ein Strauß Rosen. Die hässlichen Blümchenvorhänge am Bett sind verschwunden. Ich sehe ihn verwundert an. Er zuckt nur mit den Schultern. Dann sieht er mich mit diesem traurigen Blick an, der meinen Magen krampfen lässt.

»Du willst diese Ehe nicht, das ist mir bewusst. Aber ich will, dass du weißt, dass du nie Mittel zum Zweck warst. Ich liebe dich, das hab ich schon in dem Moment, als ich die Tür aufgemacht habe und dich, deine nassen Strähnen, deine von der Kälte geröteten Wangen und deine bebende Unterlippe gesehen habe. Du hast einen Anblick geboten, der hätte jeden Mann in die Knie gezwungen.«

»Den Eindruck hatte ich nicht bei unserer ersten Begegnung. Vielmehr hatte ich das Gefühl, dass du mich schnellstmöglich wieder loswerden willst.«

»Das war auch so. Ich hatte eben erst ein sehr langes Telefongespräch mit Alexandra, die versucht hat, mir zu erklären, wie logisch es doch wäre, wenn wir wieder heiraten würden. Und ich hab beschlossen, dass ich fertig mit den Frauen bin. Und dann stehst du da und beim ersten Blick auf dich weiß ich, dass du diesen Entschluss ins Wanken bringen wirst. Und dann keifst du mich an und ich bin dir ausgeliefert, weil diese freche kleine Kratzbürste mir sofort in die Lenden schießt.« Er kommt näher und legt seine Hand unter mein Kinn. Hitze schießt durch mich hindurch. Ich lecke mir über die Lippen und versuche, das Hämmern in meiner Brust unter Kontrolle zu bekommen. »Du hast noch ein paar

Wochen Zeit, um die Ehe zu annullieren. Nimm dir diese Zeit, bitte. Entscheide dann, nicht sofort«, sagt er sanft und ich muss gegen den schmerzhaften Kloß in meinem Hals ankämpfen. Meine Knie zittern. Ich kann nicht verstehen, wie er sich so sicher sein kann, dass er mich liebt. Ich weiß nur, dass Kieran etwas mit mir anstellt, dass ich mich verloren fühle, wenn er so vor mir steht, dass mein Körper verrückte Dinge empfindet und dass ich ihn begehre. Ich will ihn spüren. Will in ihm versinken. Aber ist das genug für eine Ehe? Ist das schon Liebe? Muss die sich nicht entwickeln? In dieser Beziehung läuft alles so anders als in der zwischen Bill und mir. Aber die lange Entwicklungszeit mit Bill hat am Ende auch nichts gebracht.

»Also gut, ich warte.« Meine Stimme ist nur ein heiseres Flüstern, als ich das sage. Kieran lächelt, dann senkt er seinen Kopf und küsst mich unendlich zärtlich. Es ist nur ein flüchtiger Kuss und er ist zu schnell wieder vorbei. Ich seufze wehmütig, als er sich von mir löst.

»Danke. Ich lass dich jetzt allein, damit du deine Koffer auspacken kannst. Ach ja, dort auf dem Stuhl liegt ein Kleid für dich. Heute ist Halloween und du weißt ja, wir nehmen es hier ernst mit unseren Traditionen. Da du die Frau des Chieftain bist, wird von uns erwartet, mit den Anwohnern im Pub zu feiern.«

Kieran bleibt noch einmal stehen und kommt langsam wieder auf mich zu. Er sieht mir fest in die Augen, während er etwas aus seinem Sporran am Gürtel holt. Er nimmt lächelnd meine Hand und schiebt mir einen Ring auf den Finger. »Den hab ich eben in Kirkwall besorgt. Nur, damit jeder sieht, dass du meine Frau bist. Ich kann ziemlich eifersüchtig werden.«

Meine Knie knicken ein und Blut rauscht in meinen Ohren. Ich sehe auf meine zitternde Hand an der ein Ring mit einem Stein glitzert. Ich schnappe nach Luft. »Verdammt ist der hübsch. Und so groß.«

»Und echt«, betont Kieran. »Trag ihn.«

Ich schüttle den Kopf. »Den kann ich nicht annehmen.«

»Das wirst du. Wir zwei werden noch ein paar Wochen verheiratet sein, also wirst du diesen Ring tragen.«

Ich bewege meine Hand hin und her und seufze leise, weil der Stein so verführerisch funkelt. »Danke.«

* * *

Das Kleid, das Kieran mir ausgesucht hat, ist ein wunderschönes historisches Kleid in den Farben seines Kilts. Vorne an der Brust hat es eine Kreuzschnürung und ich bin sofort verliebt. Es lässt meine Taille schmal wirken, die Korsage betont meinen Busen und die Glockenform des Rocks, versteckt meinen Hintern. Auch wenn ich ihn bisher nie versteckt habe, obwohl er etwas zu präsent ist. Ich stehe vor dem Spiegel in Kierans Schlafzimmer, in meinem gibt es keinen, und betrachte mich. Im Spiegel blinkt mein Ring auf. Ich lächle. An die Schmetterlinge und das hitzige Ziehen zwischen meinen Schenkeln habe ich mich mittlerweile gewöhnt. Aber dieser Ring, plötzlich fühlt sich diese Ehe noch realer an. Und der

Gedanke, mit Kieran verheiratet zu sein, stört mich gar nicht mehr. Liegt das daran, dass ich beschlossen habe, abzuwarten, bevor ich die Ehe annullieren lasse? Lässt mich das ruhiger werden? Hat dieser Entschluss den Druck etwas beiseite geschoben?

»Du siehst toll aus, Mrs McDougal.« Kieran lehnt im Türrahmen.

»Und du hast noch immer einen Rock an.«

»Ja, aber nur, weil ich weiß, dass dich das ganz scharf macht.«

Ich drehe mich zu ihm um. »Macht es nicht.«

Kieran legt den Kopf schief.

»Vielleicht ein bisschen.«

Ich sehe wieder in den Spiegel und nehme meine Haare hoch, um sie aufzustecken.

»Lass sie offen, damit ich mein Gesicht darin vergraben kann, während wir eng umschlungen tanzen.«

Ich werfe ihm im Spiegel ein Zwinkern zu und stecke meine Haare mit Nadeln am Hinterkopf fest.

»Das macht es nur interessanter, wenn ich jede einzelne Nadel mit meinen Zähnen wieder herausziehe. Können wir?«

Ich gehe an ihm vorbei und ignoriere seinen Arm, den er mir hinhält. Vor dem Castle steht eine Limousine und ein älterer Mann öffnet mir die Tür, als ich darauf zu laufe. »Du hast ein Auto?«, hake ich mit einem Knurren nach, als Kieran sich nach mir auf den Rücksitz schiebt.

»Nein, das ist Mr McLean, er ist so freundlich, uns zum Pub zu fahren.«

»Das ist überaus nett von Ihnen«, bedanke ich mich bei Mr McLean. »Es gibt gewisse Personen auf Fair, die weniger freundlich sind.«

Unser Fahrer wirft mir einen wissenden Blick im Rückspiegel zu und ich nicke zur Bestätigung.

Im Pub ist es recht voll. Hier steigen die Partys wohl früher als in London, denn wir haben es erst Nachmittag. Der kleine Gastraum ist mit Blättergirlanden in Herbstfarben geschmückt und auf dem Tresen stehen zwei kleine Kürbisse. Ein paar Kinder in Kostümen rennen lachend herum und Erwachsene unterhalten sich. Auf den ersten Blick wirkt alles wie bei einem normalen Halloweenfest. Dann verstummen alle und sehen uns an. Es ist nicht dieses kalte, abschätzige Mustern, sondern ein offenes freundliches.

»Der Chieftain und seine wundervolle Frau«, sagt ein untersetzter Mann und begrüßt mich mit einem Handkuss. Ich lächle schüchtern, dann setzt Gemurmel und allgemeines Nicken ein.

Ich sehe Kieran fragend an, doch der lächelt nur verträumt vor sich hin und sieht aus, als würde er in Gedanken gerade den aktuellen Playboy durchblättern. Ich beuge mich näher zu ihm und stoße ihm in die Rippen.

»Jetzt schieb den Porno mal wieder in sein Kästchen zurück und erklär mir, was das Genicke und Gemurmel soll«, zische ich.

Kieran senkt seinen Kopf zu mir runter. »Sie sind zufrieden mit der Frau des Chieftain.«

»Sie haben mich abgecheckt?«, entrüste ich mich.

Kieran nimmt meine Hand und legt sie in seine Armbeuge, dann führt er mich von einem Einwohner der Insel zum nächsten und stellt mich vor. Jeder wechselt ein paar Worte mit mir und ich schlage in Gedanken glückliche Kreuze, weil Fair nur so klein ist und wir den Vorstellungskram fast hinter uns haben. Wie ich in ein paar Wochen aus dieser Sache wieder rauskommen will, dass weiß ich nicht, aber darüber will ich jetzt auch nicht nachdenken. Aber diese Menschen enttäuschen zu müssen, wenn sie erfahren, dass diese ganze Ehe nur eine Art Testspiel ist, macht mir Sorgen.

Als wir fertig sind, setzen wir uns an die Stirnseite der U-förmigen Tafel. Ein Tost wird auf uns ausgesprochen und dann sagt jemand laut die Worte, die auch auf Kierans Gürtelschnalle stehen:

Buaidh no bàs

Und dann rufen alle laut »Sieg oder Tod«, den Slogan der McDougals, wie Kieran mich aufklärt.

Wir essen und trinken, die Kinder machen ein paar Spiele und alles fühlt sich sehr familiär an. Mrs Sheffield zwinkert und winkt mir das eine oder andere Mal über den Tisch zu. Nach dem Essen wird der Chieftain aufgefordert, mit seiner Frau den Eröffnungstanz zu tanzen. Grinsend zieht Kieran mich an sich, geht mit mir um die Tafel herum zur winzigen Freifläche, die gerade genug Platz für fünf Paare bieten würde, und zieht mich eng an sich. Sein Blick verschlingt mich hungrig und die Anwesenden lachen begeistert.

»Mrs McDougal, es ist mir eine Freude, Sie so nahe an meinem Körper spüren zu dürfen«, flüstert er und vergräbt sein Gesicht in meinem Haar.

»Mr McDougal, das merke ich überdeutlich und möchte Sie an die Kinder im Raum erinnern.«

Er stöhnt leise an meiner Wange. »Dieses Kleid ist die reinste Folter, aber leider Tradition.«

»Eure Traditionen sind alle Folter«, sage ich.

Seine Hand streicht über meinen Rücken und bleibt nur knapp über meinem Hintern liegen, dann übt er sanften Druck aus, so, dass ich seine Erektion noch deutlicher zu spüren bekomme.

»Dieses Lied wird gleich zu Ende sein, das könnte peinlich für dich werden«, zische ich ihm zu. Bin ich froh, dass wir Frauen uns mit keinem so deutlichen Zeichen der Erregung herumplagen müssen, sonst müsste ich mir ernsthafte Gedanken machen. Denn seine Härte an meinem Unterleib zu spüren, lässt sämtliche Nervenenden in meinem Körper vibrieren.

»Ich spüre dein rasendes Herz«, flüstert Kieran. Ich werfe einen schüchternen Blick auf unsere Zuschauer. Alle Augen sind auf uns gerichtet. Ich werde noch nervöser. »Du musst mir helfen, diese Sache irgendwie zu vertuschen.«

»Wie bitte soll ich das machen? Die einzige Lösung, die mir einfällt, ist mein Knie in deinen Eiern.«

»Nicht so radikal, schließlich möchte ich diese Eier heute noch verwenden. Ich kann die ganze Zeit schon an nichts anderes denken, als in dir zu sein.«

Ich schlucke heftig und spüre, wie sich meine inneren Muskeln erwartungsvoll zusammenziehen. »Wie kommst du auf den Gedanken, ich würde Sex mit dir haben wollen? Ich habe keine Lust, wieder in irgendeine Tradition zu stolpern.«

Kierans Blick verdunkelt sich. »Lass das, Liebling. Ich schwöre bei Gott, wenn ich dich heute nicht haben kann, dann platzen meine Eier.«

»Das wird bestimmt interessant anzusehen sein.«

Kieran kneift mir in den Hintern, dadurch schnellt meine Hüfte vor und rückt noch enger gegen sein großes Problem. Kieran stöhnt und verdreht die Augen.

»Das war deine Schuld.«

Er drückt seine Erektion fester gegen meinen Unterleib und ich stöhne auf.

»Das war deine Schuld«, sagt er mit einem diebischen Grinsen. »Und ja, ich werde heute noch in dir sein, denn du bist genauso scharf darauf, wie ich es bin.«

Jemand klopft Kieran auf die Schulter und ich sehe die Katastrophe schon deutlich vor mir. Kieran auch.

»Nein, du kannst mich nicht ablösen«, knurrt er den Mann an.

»Das ist mir klar, ich wollt dir nur vorschlagen, dezent aus dem Pub zu tanzen. Ich habe euer Gespräch aus der Nähe verfolgen können.«

Mein Gesicht geht in Flammen auf und ich schnappe verzweifelt nach Luft. Ich sollte mir das Gesicht dieses Mannes genau einprägen, denn ich werde ihm nie wieder unter die Augen treten können. Kieran nickt angestrengt und beginnt, sich mit mir in Richtung Ausgang zu bewegen. Der Mann, der uns gerettet hat, gibt die Tanzfläche für alle frei und ich atme erleichtert auf, als die kalte Außenluft mich trifft.

Kieran lacht lauthals auf und ich schüttle peinlich berührt den Kopf.

»Das war einfach nur unnötig«, sage ich und stapfe in Richtung Castle davon.

Kieran holt mich ein. »Wir müssen noch woanders hin.«

Ich ziehe eine Augenbraue hoch. »Ich gehe mit dir nirgends hin, solange dein Kilt wie ein Zelt absteht.«

»Ich verspreche, wir werden dort allein sein«, sagt er geheimnisvoll. »Ich muss es dir unbedingt zeigen.«

Ich verdrehe unglücklich die Augen, aber wer soll uns hier draußen schon begegnen, alle sind ja im Pub und werden sich köstlich über ihren Chieftain und seine Frau amüsieren.

Kieran führt mich zum Skroo Lighthouse. Aus seinem Sporran zieht er einen Schlüssel, schließt den Leuchtturm auf und zieht mich ins Innere. Er macht das Licht an und zieht mich an der Hand die Treppe nach oben, die sich etwa zwei Runden nach oben windet, bevor wir vor einer niedrigen Holztür stehen. Kieran öffnet sie und ich gehe an ihm vorbei in einen hellen runden Raum. Der Raum ist nicht groß. Es gibt nur Platz für eine kleine Schlafcouch, einen Schreibtisch, eine Kommode und einen kleinen gusseisernen Ofen, in dem ein wärmendes Feuer brennt.

Kieran schließt die Tür hinter uns und ich sehe mich in dem Raum um, der trotz seiner Schlichtheit sehr gemütlich wirkt. »Schön hier«, sage ich und setze mich auf die Couch. Kieran setzt sich neben mich und nimmt meine Hand.

»Ich komme hier her, wenn ich ganz für mich sein will.«

Ich lache. »Und das bist du in deinem Castle nicht?«

»Du hast recht. Aber hier ist das Einsamsein irgendwie beruhigender.«

»Ja, das denke ich auch.«

»Der Schreibtisch ist neu«, sagt er. »Auch die Kaffeemaschine. Ich hab die Sachen aus Kirkwall mitgebracht und der alte McLean hat sie vorhin schnell zusammengebaut und Feuer im Ofen gemacht, bevor er uns abgeholt hat. Ich hab gedacht, das wäre der ideale Rückzugsort für dich, wenn du an einem Buch arbeitest.«

Mir stockt der Atem. »Das ist für mich?«

»Wenn du es willst«, sagt er und seine Finger streichen über meine Hand.

»Ich weiß noch nicht einmal, ob ich bleiben werde.«

Seine Augen funkeln mich an und er wackelt mit den Augenbrauen. »Ich werde dich davon überzeugen.« Seine Stimme vibriert, als er das sagt und streicht wie kleine Flammen über meinen Körper. Mein Blick wandert über seinen Kilt und ich stelle erstaunt fest, dass sein Freund schon wieder den Zeltbau übt.

»Ach verdammter Mist«, murmle ich und klettere auf seinen Schoß. »Sehr weise von dem alten McLean, hier drin für Wärme zu sorgen.«

»Genau genommen war das meine Idee.« Kieran schiebt seine Finger in mein Haar und löst die Nadeln. Als er damit fertig ist, kämmt er durch meine Mähne und sieht mich zärtlich an. »Du bist wunderschön. Ich hab ein unglaubliches Glück, dass du meine Frau bist.«

Ich kläre ihn nicht darüber auf, dass ich noch nicht seine Frau bin, weil mir gerade nicht der Sinn danach steht. Eigentlich gefällt es mir sogar ein wenig, wenn er mich seine Frau nennt. Ich streiche mit meinen Lippen über seine, Kieran legt seine Hände in meinen Nacken und zieht mich fester auf seinen Mund herab. Seine Zunge streicht über meine Unterlippe und ich lasse ihn leise stöhnend ein. Unsere Zungen umspielen einander. Seine Zähne ziehen und knabbern an meiner Lippe und ich verheddere mich in meinem Kleid, bei dem Versuch, Kieran noch näher zu kommen. Ungeduldig zerre ich meinen Rock unter meinen Knien hervor und drapiere ihn um meine Hüften herum.

Hitze strömt durch meine Adern, meine Brüste werden schwer und mein Atem beschleunigt sich, als mein Unterleib auf seine Härte trifft. Ich war selten so erregt wie in diesem Moment. Mir kommt es vor, als hätte ich Kieran eine Ewigkeit nicht mehr gespürt. Ich reibe mich an ihm und stöhne laut auf, als Blitze meinen Körper durchzucken und sich die Anspannung in meinem Körper immer mehr aufbaut.

»Liebling? Eigentlich hatte ich geplant, das hier sehr viel langsamer anzugehen, aber hast du was dagegen, wenn wir langsam auf später verschieben? Mich bringt die Vorstellung um, dich in diesem Kleid zu ficken.« Eine Hand legt sich auf meinen Busen und drückt ihn leicht. Seine Lippen streichen über meinen Hals, mein Schlüsselbein und dann mein Dekolleté. Die andere Hand wandert unter meinen Rock und schiebt sich langsam meinen Oberschenkel hoch.

»Nichts dagegen«, keuche ich und reibe mich weiter an seiner Härte.

»Danke«, sagt er rau, dann zieht er mein Höschen zur Seite und treibt seinen Finger in meine pulsierende Hitze. »Verdammt, bist du feucht.« Der Finger wird mir wieder entzogen und ich wimmere leise. Unter mir wird herumgezerrt, dann spüre ich die Spitze seines Penis an meinem Eingang. Erleichtert sinke ich auf ihn herab und stöhne, als er mich ausfüllt. Kierans Hände legen sich auf meinen Hintern und geben ein langsames Tempo vor. Ich wiege meine Hüften und reibe mich an seinem Schaft.

Kieran sieht mich heftig atmend an und in seinem Gesicht steht ein Verlangen, das mich zittern lässt. Dieser Mann überrascht mich immer wieder. Er ist so zärtlich, gleichzeitig unendlich aufmerksam und fürsorglich. Und dieser Blick kann unmöglich lügen. Er liebt mich. Mein Herz schwillt an, als ich ihn stürmisch küsse. Ich beschleunige das Tempo. Reite meinen Mann, der mir stöhnend sein Becken entgegen hebt. Alles in mir zieht sich schmerzhaft zusammen, dann stürze ich über die Klippe und komme in einem heftigen Orgasmus gleichzeitig mit Kieran, der unter mir zitternd erstarrt.

Epilog

Morgen Abend sind die zwei Monate um. Bis dahin muss ich eine Entscheidung getroffen haben. Nur leider weiß ich absolut nicht, was ich tun soll. Kieran hat seit Halloween nicht mehr über dieses Thema gesprochen. Aber er ist in den letzten Tagen nachdenklicher geworden. Ich habe ihn dabei erwischt, wie er mich heimlich beobachtet, wenn er glaubt, ich bemerke es nicht. Er besucht mich auch nicht mehr im Leuchtturm, wenn ich mich für die Arbeit an Isobels Geschichte zurückgezogen habe. Bis vor einigen Tagen kam er jeden Tag pünktlich um 17:00 Uhr, um mich abzuholen. Und ziemlich häufig haben wir uns, bevor wir den Leuchtturm verlassen haben, vor dem Ofen gewälzt. Ich fühle mich hin- und hergerissen und weiß einfach nicht, was ich tun soll. Ich weiß, dass er eine Entscheidung von mir erwartet. Zumindest aber hofft er wohl, dass ich Morgen nicht in die Gemeinde gehen werde und unsere Ehe annullieren lasse.

Ich nippe an meinem Kaffee und beobachte Amanda beim Entstauben der Bücherregale in der Bibliothek. Amanda ist sehr dominant. Das scheinen in Sumburgh Castle wohl alle zu sein. Sie erlaubt nicht, dass ich auch nur einen Finger krümme. Aber Hausarbeit wirkt beruhigend auf mich und hilft mir beim Nachdenken, deswegen warte ich nur darauf, dass sie in die obere Etage geht und ich mich auf den Abwasch stürzen kann.

Das Telefon klingelt. Ich stelle meine Tasse ab und gehe in die Eingangshalle. »Hier bei McDougal.«

»Du sagst noch immer *bei McDougal. Du bist eine McDougal.*«

»Noch nicht«, antworte ich Cassy bestimmt.

»Aber morgen.«

»Das weiß ich noch nicht.«

»Das weißt du noch nicht? Mädchen, dieser Mann liebt dich. Und nach dem, was du erzählst, liebst du ihn auch. Und du kannst es kaum besser treffen als mit meinem Cousin. Worauf wartest du noch?«

Ich betrachte den Ring an meinem Finger. Mein Magen zieht sich zusammen und dreht sich um. »Ich liebe ihn wirklich. Glaube ich. Aber eine Ehe nach so kurzer Zeit?«

»Du bist unheimlich verklemmt, meine Liebe.«

»Da würde dein Cousin dir sicher nicht zustimmen.«

»Jenna!«, kommt es entrüstet aus dem Hörer.

»Jetzt tu nicht so, als hätten wir in den letzten Wochen nicht oft genug über mein Sexleben gesprochen.«

»Stelle dir mein Augenrollen bitte bildlich vor. So oft, dass ich selbst schon ständig feucht im Höschen bin. Ich sollte unbedingt mal wieder ausgehen. Wie sieht es mit dem Buch aus?«

»Das Grundgerüst steht.«

»Sehr fein. Tick tack tick tack. Ich meld mich morgen bei dir und wehe, du erzählst mir dann, dass wir nicht mehr verwandt sind, dann komme ich persönlich nach Fair, verfrachte deinen und Kierans

Arsch nach Mull Heat und überwache den Vollzug der Ehe.«

Ich seufze. »Diese Ehe durchzuziehen würde auch bedeuten, dass ich hier auf Fair leben werde. Wir werden uns nicht mehr sehen. Zumindest nicht häufig.«

»Sieh den anderen Vorteil, du musst auch deine Mutter nicht mehr häufig sehen.«

»Ja, das stimmt wohl.«

»Außerdem ist dein neuer Ehemann reich, kann ein Flugzeug steuern und kann mich in Nullkommanichts hier abholen und dann rocken wir dieses Einödland mal so richtig. Bis morgen.«

»Ja, bis morgen«, sage ich abwesend und lege auf.

Kaum liegt das Telefon auf der Gabel, klingelt es schon wieder.

»Ja, McDougal«, melde ich mich dieses Mal, weil ich denke, dass Cassy noch etwas vergessen hat.

»Schätzchen, du hast doch nicht ernsthaft diesen Hinterwäldler geheiratet?«

»Hi, Mum. Habe ich und woher ... Bill?«

»Genau. Er hat mir alles erzählt, was du mir in den letzten Wochen am Telefon verschwiegen hast.«

Ich verdrehe die Augen und stoße die Luft frustriert aus. Ich habe keine Lust, meine Mutter jetzt über Traditionen und Nächte auf anderen Inseln aufzuklären, also sage ich nichts dazu. »Hat Bill dir auch erzählt, warum ich ihn nicht heiraten werde?«

»Er meint, du bräuchtest nur etwas mehr Zeit, um dir die Hörner abzustoßen.«

»Mir die Hörner abstoßen?«, keife ich entsetzt. »Er hat sich die Hörner abgestoßen. Bei seiner Kollegin.«

»Was? Warum erzählst du mir nichts davon?«

»Weil ich noch nicht bereit war, mir deine endlosen Hassphrasen über Männer anzuhören. Wir wissen doch beide, dass du sie gar nicht so sehr hasst. Du und dein neuer Ehemann schafft es trotz eures Alters kaum aus dem Bett.«

»Nicht trotz, wegen!«, betont sie. Ich kann das breite Grinsen direkt vor mir sehen. »Wie ist denn dein Ehemann so?«

»Dunkel, groß, wild, muskulös ... Er ist ... er bringt mein Herz zum Rasen.«

»Und wohl nicht nur das. Na hör sich das doch einer an! Meine Tochter ist verliebt! Ich wusste doch immer, dass Bill nicht der Mann ist, der ein Erdbeben durch deinen Körper jagt.«

»Mum, ich bin deine Tochter.«

»Jetzt hab dich mal nicht so. Ich bin alt genug, um zu wissen, was in anderen Betten so läuft. Ich hoffe, sein Haus ist groß genug für Gäste.«

»Gäste?« Hinter mir geht die Tür auf und ein tropfender Highlander steht im Haus. Kieran kommt langsam näher und ich schüttle energisch den Kopf. »Wag es dir ja nicht!«

»Was?«, will meine Mutter entrüstet wissen. »Wenn du uns nicht zu deiner Hochzeit einlädst, dann wollen wir wenigstens die Gelegenheit haben, unseren Schwiegersohn kennenzulernen.«

»Ich meine nicht dich, sondern deinen Schwiegersohn.«

»Oh, was macht er denn?«

»Nichts Sinnvolles, das kannst du mir glauben.« Ich weiche zurück vor Kieran, kann aber nicht viel weiter, weil die Schnur des Telefons nicht reicht. »Mum, ich muss jetzt Schluss machen. Ich melde mich morgen bei dir.« Nachdem ich bei Cassy Rede und Antwort gestanden habe. Ich lege auf, bevor sie etwas sagen kann.

Kieran zieht mich an seinen nassen Körper und legt seine Stirn an meine. »Ich bin also ihr Schwiegersohn?«

»Zumindest ist es das, was sie dank Bill glaubt.«

Kierans Blick verfinstert sich und er löst sich von mir. »Du willst also nicht bleiben?«

Nervös starre ich auf den Boden. »Das ist es nicht. Ich würde gerne bleiben wollen. Aber die Ehe ist so endgültig, dass sie mir Angst macht.«

»Du warst bereit, Bill zu heiraten.«

»Und das war ein Fehler. Ich habe Angst vor noch einem Fehler.« Ich gehe wieder auf Kieran zu und lege beide Hände auf den nassen Stoff seines Thermosweaters. »Ich liebe dich. Das weiß ich genau.« Das weiß ich wirklich. Das, was ich für ihn empfinde, kann nur Liebe sein. Schon der Gedanke, ihn verlieren zu können, schnürt meine Brust zu. Das ist schon passiert, als ich von Fair geflüchtet bin. Und mit jeder Seemeile ist der Schmerz unerträglicher geworden, bis ich kaum noch atmen konnte. Ein Schmerz, den ich nicht noch einmal fühlen will. Dieser Schmerz war erst weg, als ich auf dem Anlegesteg stand und Kieran in die silbernen Augen gesehen habe. Plötzlich fühlte sich Atmen wie eine Befreiung an.

Kieran legt beide Hände an meine Wangen und sieht mir tief in die Augen. »Dann vergiss den Mist mit der Annullierung.« Er senkt seinen Mund auf meinen und ich sinke seufzend gegen seine Brust. Sein Geschmack überflutet mich, als seine Zunge auf meine trifft. Dieser Mann ist so wild wie die Klippen von Fair.

Das Telefon klingelt. Kieran stöhnt. Ich löse mich von ihm und nehme ab.

»Mrs McDougal am Apparat«, melde ich mich und Kierans Augen leuchten gierig auf. Ich forme ein *Ich liebe dich* mit den Lippen. Kieran schlingt die Arme um mich und hebt mich hoch. Fast lasse ich den Hörer fallen.

»Mrs Sheffield hier. Mrs McDougal, Sie müssen sofort in die Gemeinde kommen, wenn Ihnen etwas an Ihrer Ehe liegt.«

»Was?«, quieke ich ängstlich in das Telefon.

Ich strample, bis Kieran mich runterlässt. Er muss die Panik in meinem Gesicht sehen, sonst hätte er nicht nachgegeben. Er sieht mich fragend an.

»Die Ex-Mrs war hier und hat Einspruch gegen Ihre Ehe erhoben. Ich hab es eben erst erfahren. Mrs McDougal, Ihnen und Ihrem Mann bleiben laut Gesetz nur 24 Stunden, um gegen den Einspruch vorzugehen. Wenn Sie das nicht tun, ist die Ehe ungültig.«

»Ungültig?«

»Ja, und Sie haben nur noch vierzig Minuten, weil meine unfähige Kollegin mich eben erst über diese Sache informiert hat.«

»Noch vierzig Minuten?«

»Ja.«

»Verdammter Mist«, fluche ich. »Entschuldigen Sie. Wir kommen. Denke ich.« Ich lege auf und sehe

Kieran an. Mein Herz hämmert in der Brust. Ich habe wirklich Panik. Warum habe ich solche Panik? Vor wenigen Minuten war ich mir noch nicht mal sicher, ob ich überhaupt mit Kieran verheiratet sein will.

»Was ist?«, will er ungeduldig wissen.

»Wir müssen zur Gemeinde.« Meine Stimme zittert so sehr wie meine Hände, als ich hastig in meinen Mantel schlüpfe. »Du hast nicht zufällig irgendwo ein Auto versteckt?«

»Nein. Warum?«

»Alexandra hat Einspruch gegen unsere Heirat erhoben. Und laut Gesetz haben wir nur 24 Stunden, um gegen diesen Einspruch vorzugehen. Die 24 Stunden sind in fünfunddreißig Minuten um.«

Kieran schnappt sich meine Hand, stürmt mit mir aus dem Castle, zieht mich zur Hinterseite des Castles, wo es einen Carport gibt, unter dem ein Motorrad steht.

»Du hast ein Motorrad?«, frage ich mit hochgezogenen Augenbrauen und sehe ihn ermahnend an.

»Lass uns später darüber streiten. Du weißt, ich streite gerne mit dir, aber jetzt will ich meine Ehe retten. Die ist mir zufällig noch lieber, als mit dir zu streiten.«

»Das verstehe ich natürlich«, lenke ich ein und steige hinter Kieran auf das Motorrad.

Kieran startet die Maschine und fährt querfeldein über die Insel. Ich schiebe meine Hände in die Vordertaschen seiner Jeans, weil die Nässe und der Fahrtwind schmerzhaft in meine Hände beißen.

Mein Gesicht brennt und ich versuche, mich noch besser hinter Kieran zu verstecken. Zum Glück sind wir in wenigen Minuten da. Kaum angehalten, zerrt Kieran mich in das Gemeindehaus, vorbei an einer hasserfüllten Alexandra, die wohl nicht mehr mit uns gerechnet hat. Kieran sieht sie nicht einmal an. Noch fünfzehn Minuten, sagt die Uhr im Eingangsbereich.

»Das Standesamt?«, knurrt er eine Frau in grauem Kostüm an.

»Es gibt hier nur 4 Abteilungen. Ganz rechts«, sagt sie und folgt uns. »Mr McDougal, wir haben noch Zeit.«

»Ich gehe kein Risiko ein«, bellt er jetzt ungeduldig. Die Frau schiebt sich an uns vorbei, als wir das kleine Zimmer betreten und kramt in einem Stapel Unterlagen, dann reicht sie uns ein Blatt Papier und einen Kuli.

»Sehen Sie, geht alles ganz schnell und schmerzlos.«

»Das sind die Scheidungspapiere«, knurrt Kieran und mein Herz macht einen Satz, als ich die Überschrift auf dem Schreiben lese.

»Aber Ihre Verlobte sagte, Sie wollten die Scheidung.«

»Welche Verlobte?« Er hebt meine Hand und legt sie auf den Schreibtisch. »Sehen Sie das? Das ist meine Ehefrau. Ich habe keine Verlobte.«

Ich blicke auf die Uhr an der Wand. Noch zehn Minuten.

»Aber ...« Kieran kneift gefährlich die Augen zusammen.

»Wo sind die Papiere? Die müssten doch längst fertig sein.«

»Das waren sie auch, aber jetzt nicht mehr, weil ich doch annahm, dass Sie die andere Mrs McDougal wieder heiraten würden.«

Die andere Mrs McDougal schiebt sich in das kleine Zimmer und sieht sehr zufrieden aus. Sie lehnt sich gegen Kieran und schnurrt wie ein Kätzchen.

Ich schiebe Kieran zur Seiten und sehe sie wütend an, dann balle ich die Hand zur Faust und treffe ihren Wangenknochen. Ich jaule schmerzerfüllt auf. Aber sie auch. Als der Schmerz abebbt, bleibe ich stehen, atme tief ein und lächle so gut ich kann. »Finger von meinem Mann.« Dann wende ich mich an die überforderte Beamtin. »Wo ist der Einspruch?«

Sie kramt wieder herum, dabei rutschen ihr rote Locken in die Stirn. Ihre Hände zittern nervös. »Ich hab es!«, ruft sie erleichtert und gibt mir das Schreiben. Ich nehme es, halte es vor Alexandra hoch, die ihre gerötete Wange reibt und trotz dieser Blessur noch immer einfach nur perfekt aussieht.

»Ist das deine Unterschrift?«

Sie antwortet nicht. Ich sehe zur Uhr. Noch fünf Minuten. Ich balle die freie Hand zur Faust und hebe sie drohend. Alexandra nickt.

Ich grinse zufrieden, halte das Blatt Papier über unsere Köpfe und zerreiße es mit einem befriedigten Grinsen.

Kieran schlingt die Arme von hinten um mich und küsst mich auf die Wange. »Ist die Sache damit erledigt?«

Die Angestellte nickt mit offenem Mund.

»Wo sollen wir dann jetzt unterschreiben, um unsere Ehe endgültig zu bestätigen«, frage ich. Nur um ganz sicher zu gehen. Man kann ja nicht wissen, wer vielleicht noch in einer Ecke lauert, um Einspruch zu erheben.

Die Dame schiebt uns ein weiteres Blatt Papier zu. Ich nehme den Kuli und sehe Kieran an. In seinem Gesicht steht plötzlich Anspannung.

»Willst du mich noch immer?«, frage ich. »Ich will nur sicher gehen, immerhin habe ich eben deine Ex verprügelt.«

Kieran grinst. »Das war sehr sexy. Jetzt will ich dich noch mehr.« Er küsst mich zärtlich und legt seine Hände auf meinen Hintern. In meinem Rücken ertönt ein hasserfülltes Zischen, das mich nur noch mehr erfreut. Lächelnd und mit rasendem Puls aber meiner Sache ganz sicher, unterschreibe ich dort wo *Ehefrau* steht. Kieran nimmt mir den Stift aus der Hand und unterzeichnet, ohne hinzusehen.

»Ich hoffe, dein Motorrad fährt uns auch genauso schnell wieder nach Hause«, sage ich und lehne mich an ihn.

»Noch schneller.«

* * *

Hodge-Podge

Zutaten für 4 Portionen

500 g Fleisch
4 große Möhren
1 Kohlrabi
1 Tasse grüne Erbsen
1 kleinen Wirsingkohl
1 Tasse Bohnen geschnipselt
Sellerieblätter
2 mittlere feingehackte Zwiebeln
1 kleinen Blumenkohl
Gewürze nach Bedarf

Zubereitung:

Die Möhren und den Kohlrabi würfeln. Den Kohl kleinhacken, mundgerecht. Das Fleisch in 2 Liter Wasser 2 Stunden köcheln lassen. Das Fleisch rausnehmen und dafür das gesamte Gemüse in die Brühe geben. Weich kochen und anschließend das Fleisch kleingeschnitten wieder beigeben. Mit Gewürzen abschmecken. Gerne auch frischen Kräuter zugeben.